山上信吾

南半球便り

駐豪大使の外交最前線体験記

文藝春秋企画出版部

［口絵1-1］日本に降り立つアルバニージー豪州首相を小田原外務副大臣と共に出迎える筆者（写真：豪州首相オフィス・ツイッター・アカウント）

［口絵1-2］豪州ナショナル・プレス・クラブでの講演でブレスレットを紹介する筆者

［口絵1-3］オーストラリアチームのユニフォームでスピーチをする筆者（写真：SMP Images）

［口絵2-1］ギラード元首相を公邸に迎えて

［口絵2-2］トニー・アボット元首相と筆者夫妻

［口絵2-3］スコット・モリソン前首相、作野善教doq社代表と

［口絵3-1］並み居るVIPを前にスピーチ。大使としての重要な責務です

［口絵3-2］左：大使公邸の小形禎之料理人（左）と福田順彦東急ホテルズ総料理長（右）
［口絵3-3］下左：小形料理人の握り寿司。右上のお寿司はカラスミから手間と時間をかけてイチから作ったもの
［口絵3-4］下右：小形公邸料理人が振る舞ったパテ・アン・クルート

［口絵4-1］カウラの捕虜収容所跡地

［口絵4-2・3］日本人戦争墓地への献花

［口絵4-4］豪州の雄大な自然に抱かれ、凛とした佇まいのカウラ日本庭園でグリフィス理事長と

［口絵5-1］木曜島の美景

［口絵5-2］木曜島の日本人慰霊塔

［口絵5-3］ブルームの日本人墓地

［口絵6-1］ 世界三大美港のひとつシドニー湾（写真：Alamy/アフロ）

［口絵6-2］ ゆとりのメルボルン（写真：AWL Images/アフロ）

［口絵6-3］ 赤土とインド洋の青、白砂のコントラストが鮮やかなケーブルビーチ

［口絵7-2］観光客に大人気のロットネスト島のクオッカ（西豪州）

［口絵7-1］マッドパイならず。これが恐怖の鳥マグパイ。くちばしが鋭いでしょう？

［口絵7-3］右：思い出深いキャンベラのサイクリングロード
［口絵7-4］上：筆者のeバイク

［口絵7-5］バーリー・グリフィン湖の噴水とサイクリングロード

［口絵8-4･5］大使公邸のソメイヨシノと八重桜

［口絵8-3］国花のミモザ（ゴールデンワトル）の花は花粉症の時期に咲くが、実際は杉や牧草の花粉が原因だそう

［口絵8-1・2］大使公邸の日本庭園に咲く木瓜と牡丹の花が春の訪れを告げる

［口絵8-6］左：銀色に輝く車体に、堂々たるロゴ。雄々しいシンボルは豪州最大の猛禽類、オナガイヌワシ（Wedge-Tail Eagle）
［口絵8-7］下：美しい夕日と鉄道
［口絵8-8］下左：いつまでも忘れ得ない大陸横断の旅

「南半球便り」を待ち続けてくれた九十六歳の父と九十三歳の母、
そして、日本外交を背負う若い世代に捧げる。

序　章

あれは二〇二〇年五月末のことだった。豪州大使の内示を受けて、東京駅前の大きな書店に立ち寄った。豪州関係の書籍を購入して赴任に備えようとしたのだ。

一階の国際情勢の書棚を見て茫然とした。三冊しかないのだ。米国、中国、ロシア関連の本は、山ほどあった。インドネシアやタイも揃っていた。それなのに、豪州についてはこの格差。強い衝撃が残った。

発令後、赴任に先立って、豪州に進出している日本企業の本社に挨拶回りに行った。大手商社、メガバンク、資源エネルギー関連企業、メーカー各社で、会長や社長に対応していただいた。財界を背負って立っている何人もの方々が、自社ビジネス、そして日本経済にとっての豪州の重要性を強調された。ある大手商社の社長に至っては、自社のグローバル利益の半分近くが豪州ビジネスからであるとして、一番大事な国だとまで喝破された。

書店での情報量とのこの落差は、一体どこから来ているのか？　私にとって、あくなき関心の的となった。

日豪の貿易関係は、長らく補完的関係と呼ばれてきた。日本は豪州に自動車や機械類を輸出し、羊毛、鉱物エネルギー資源、農産物を輸入する、互いにないものを補い合う関係だ。日本に輸入される石炭の七割、鉄鉱石の六割、ガスの四割、砂糖の九割、牛肉の四割、小麦の二割が豪州産という驚くほどに高い依存度がある。同時に、オージービーフを除けば、原産国が消費者にあまり意識されない産品でもある。例えば、家庭の主婦が調理や給湯のためにガス栓を回すとき、豪州のガス田を意識することなど、まずないだろう。

さらに、赴任して驚いたことは、日本のマスコミのプレゼンスが限られていることだった。シドニーに支局を維持しているのは、テレビではNHKとTBSだけ。通信社は共同と時事の双方が揃っているものの、大手新聞に至っては日経新聞だけという寂しさだ。これでは、日常的に日本に伝えられる豪州関連情報の量と質が限られてしまう。

だが、豪州との関係は貿易・投資面だけでなく、安全保障協力、人的交流など、様々な分野にわたって幾何級数的に拡大・深化している現実がある。そもそも、在留邦人の数だけとっても九万五千人近くに達し、米国、中国に次いで世界第三位なのだ。

以上が、この拙《つたな》い「南半球便り」を始めた動機である。日本にとって大事なのに、あまり知られていないオーストラリア。その存在感をどうやって高めるか？　これが、新任大使としての私の強い問題意識だった。

コインの裏面には、豪州における日本の存在感の問題もある。京都でもニセコでも白馬でも豪州人は引きも切らないが、もっと深く正しく知って欲しい感は否《いな》めない。要は、互いに日豪関係を当然視しているのではないかと思えたのだ。

そこで、自らキーボードを叩いて「南半球便り」を起案し始めた。それだけでなく、自分の書いた日本語原稿を大使館の優秀な豪州人職員（JETプログラム：語学指導等を行う外国青年招致事業出身者）に英訳してもらい、和文・英文共に大使館のホームページに掲載することとした。

在任中、この南半球便りは百二号にまで及んだ。ここまで増えるとは思っていなかったが、書き始めるうちに次々に書きたいテーマ、読者に知って欲しい話題が出てきたというのが本当のところである。お陰様で各方面から好評を博し、豪州のマスコミで何度も引用されたのは望外の驚きだった。

そこで、その中から五十話余りを厳選して、出版することとした。

前記のとおり、もともとは日本における豪州の存在感、さらには豪州における日本の存在感を高めるための企画だったが、自分としては、大使の仕事の内容を知ってもらいたいという欲求もあった。

率直に言って、豪州のような居心地の良い先進国に派遣された大使については、「ワインを飲んでゴルフばかりしているのでしょう」という、厳しい見方があることは否定できない。前任者の中にそんな輩がいたという話も聞かされてきた。しかし、それだけではないことも知ってもらいたかった。

百二十パーセントの力で走り回った過程での自慢話ではなく苦労話を共有することこそ、日本外交、さらには大使の仕事についての国民の理解と支持を促進する上で不可欠ではないかとの気持ちもあった。

ということで、本書は二年余にわたる豪州での奮戦記でもある。寝転がって読めるような代物であり、気軽にお楽しみいただきたい。

なお、本書中の意見や見解は筆者個人のものであって、筆者の属する組織のそれを必ずしも代表するものではない点を予めお断りしておく。

もくじ

[I] 2021年

［II］

2022年

[Ⅲ] 2023年

[I] 2021年

1　公邸料理人

「一に料理人、二に料理人、三、四がなくて五に？？」

「大使にとって何が重要か？」と問われた際に、私の尊敬する大先輩が発した言葉です。実は、（大先輩の言う）「？？」は、大変重要だと考えられている大使館のポスト。でも、具体的に書いてしまうと、館内の士気（？）に関わるので控えます。

言いたかったことは、大使館や総領事館といった在外公館にあっては、外交活動を進めるに当たって公館長（大使、総領事）の公邸料理人が非常に大きな役割を果たしている点です。こう言うと、「大使って、プロのコックさんが作る料理を毎食食べているの？」という素朴なご質問をしばしば受けます。後述のとおり、そういうことではありません。

外交活動の一環としての設宴

大使の仕事の最も重要な三本柱は、①人脈の構築、②情報の収集、③日本の立場の説明と理解の増進、でしょう。これらの役割を果たすに当たって最も効果的な方法は、これはという相手を公邸に招き、とっておきの料理と酒でもてなし、壁耳や障子目がない環境でじっくり懇談することです。古今東西を問わず、人間の営みの場で行われてきたことでもあります。

お客様に出す料理が和食で、酒が日本酒や日本産ワインなどであれば、その面でも日本の売り込みになることは間違いありません。

厨房で調理する小形料理人とマリアム

小《お》形《がた》料理人の活躍

今回キャンベラに赴任するに当たって、実にありがたかったことがあります。

後輩に紹介された東急ホテルズの五島《ごとう》泰夫さん（米国ロサンゼルス駐在）、そして小林昭人《あきひと》前社長、村井淳現社長、福田順彦《のぶひこ》総料理長他の格別のお計らいで、渋谷のセルリアンタワー東急ホテルで活躍していた新進気鋭の小形禎之《さだゆき》料理人をキャンベラの大使公邸に派遣してもらうことになったのです。

若いながらも、すでに「第一回エスコフィエ・ヤングシェフコンクール」入賞、「マイユ料理コンクール二〇一九」金賞など、多くの受賞歴を重ね、輝かしい成績を収めている小形料理人。もともとはフランス料理が専門ですが、様々な料理への飽くなき探究心に溢れ、寿司を握り、天ぷらを揚げ、麻婆豆腐も作ります。

キャンベラのように、内陸の小都市という土地柄にあって重要なことは、「活きの良い魚が手に入りにくい」と嘆き続けるのではなく、「手に入る素材を最大限に活用して、現地の人に喜んでもらえる料理を精一杯作る」ことをモットーに頑張ってくれていることです。

ちなみに、すべての国が日本のような公邸料理人制度を持っているわけではありません。日本料理自体が大きなソフトパワーであるとともに、公費から一定額の補助を得て料理人を帯同できる制度は、各国の大使から羨《うらや》ましがられているのです。

赴任と同時に購入した自転車や車でキャンベラの丘を食材探しに走り回る若いシェフの溌剌《はつらつ》とした姿を見ていると、唐津出身の九州剣士（三段）という、もうひとつの姿と重なるものがあります。

「チーム・ジャパン」の活躍

公邸での設宴を支えるのは、料理人だけではありません。バトラー役を務める在留邦人のゆりこさん（福島県出身）、厨房で料理人補助を献身的に務めるマリアムやブーニー（いずれもタイ出身）を中心とするチームが一体となって、昼食会や夕食会を盛り上げるのです。

まさに、英国のテレビ映画「ダウントン・アビー」でご覧になったような、匠《たくみ》によるおもてなしの協奏曲が奏でられます。

体が資本

ここまで筆を進めると、「大使は美味しいものを食べるだけだから楽でしょう?」との声が聞こえてきそうです。

確かに、おいしいです。でも、毎回、もてなす相手の略歴、立場や過去の言動を頭に叩き込み、TPOに応じて話題を変え、時には押したり引いたりしながら、前記の三つの目的を達成すべく切り盛りしていくのは、神経をすり減らす作業でもあります。生やさしい心がけではできず、一回一回が真剣勝負なのです。

また、「胃腸が弱い男」(ちあきなおみ「ねえあんた」から)でもある私には、漢方薬が欠かせない存在です。キャンベラに赴任して二週間の隔離明け直後から、出張が入らない限り、毎週四回程度は公邸で設宴をする状態です。加えて、他国の大使などに招待されることもままあるので、空いている日は、家内が作るソーメンやお茶漬けくらいしか、喉《のど》を通らないのです。

公邸での行事には、着席の昼食会や夕食会だけでなく、天皇誕生日や自衛隊記念日などのレセプションもあれば、モーニングコーヒーやアフタヌーンティーもあります。落ち着いた公邸のたたずまいや、日本の在外公館公邸としては傑出した美しい日本庭園も、お客様を魅了する重要な要素です。これらが相まって、多くの豪州人から「キャンベラで一番の日本料理」という評価が確立している料理と「チーム・ジャパン」のおもてなしを堪能していただく機会をクリエイトできるのです。

2　カウラ訪問

「カウラって、どこ？」

日本の知人に「カウラに行ってきた」と言うと、大抵は「どこ、それ？」という反応が返ってきます。日本における知名度からしたら致し方ないのかもしれません。でも、カウラが日豪関係において果たしてきた重大な役割に鑑《かんが》みると、残念でなりません。

カウラは、キャンベラから北方へ約百九十キロ、車で二時間強の場所にある人口約一万人の小さな町。なだらかな丘が波のように連なる美しい牧草地の中に位置する平和で静かなところです。

カウラ・ブレイクアウト

この小さな田舎町が、日豪関係に携わる両国の関係者の間で語り継がれてきたのは、そこが近代史上最大の捕虜脱走事件と言われる「カウラ・ブレイクアウト」の舞台となったからです。今を遡《さかのぼ》ること七十五年余の一九四四年八月五日未明、カウラ捕虜収容所に収容されていた日本人捕虜の集団脱走事件が発生。脱走時の銃撃などで、日本人捕虜二百三十四名、豪州人衛兵四名が死亡、辛くも脱走した三百余名の日本兵も翌週には捕えられ、成功した者は一人もいなかったと伝えられています。

このあたりの事情は幾多の公刊本に書かれており、私も中野不二男著『カウラの突撃ラッパ——零戦パイロットはなぜ死んだか』、スティーブ・ブラード著『鉄条網に掛かる毛布』などを読み進めるにつれ、豪州に赴任したら間を置かずに必ず訪れたいとの気持ちが高まってきました（**口絵4―1**）。

感動

そこで、大使としての信任状捧呈前でしたが、二月十五日にカウラを訪れ、当時日豪双方において貴重な人命が失われたことに対し、深く頭《こうべ》を垂れ、心より哀悼の意を表してきました。何よりも強く感じ入ったのは、悲惨な過去にも拘《かか》わらず、カウラ市長のビル・ウェスト氏をはじめとするカウラの関係者の方々の間に、日本に対する心温まる配慮と気遣いが溢れていたことでした。

一九六四年にカウラ共同墓地の一角に「日本人戦没者之墓（日本人戦争墓地）」が開設され、第二次大戦中に亡くなられた日本人戦争捕虜と民間人抑留者の遺骨が豪州全土から収容（五百二十四人埋葬）されました。その日本人戦争墓地がカウラ市役所や関係者の尽力により、非常に綺麗に維持されており、日本人として深い感動を覚えました（**口絵4―2・3**）。加えて、近隣には、一九七八年に造園家の中島健氏が設計し、グリフィス理事長が率いるカウラ日本庭園・文化センター財団が維持管理する回遊式日本庭園の「カウラ日本庭園」が凛とした佇まいを見せていました。おそらく日本国外にあって最も美しい日本庭園であり、乾燥しがちな豪州にあっては稀有《けう》の水と緑の世界を実現していました。望郷と無念の思いを抱いたままに散華した英霊の魂が、日本を彷彿《ほうふつ》とさせるこの庭園で優しく癒《い》やされているのではないかと想像を巡《めぐ》らせました。

年間四万人を超える豪州人が訪れる観光名所となっている由。捕虜収容所で発生した衝撃的な脱走事件と合わせて考えると、カウラが「日豪関係の精神的聖地」と呼ばれてきた理由がよく理解できる気がしました。

地元紙のインタビューを受けたので、「ブレイクアウト」で失われた貴重な生命の犠牲に対して哀悼の意を表明するとともに、日本人墓地などを整然と維持し続け、戦後の日本との友好関係の構築に腐心されてきたカウラ市関係者の努力に深い敬意と感謝の念を表明した次第です。

相互理解と相互信頼

一九四四年八月五日の未明、南半球では厳冬の最中、ナイフ、フォーク、野球バットなどだけを手にして、機関銃を備えていた衛兵に対して決起した日本兵の心理は、長年豪州人の理解を越えたものとみなされてきました。一部から「狂信的」と表現されることもあります。無理がないのかもしれません。平和を享受している今の多くの日本人にとっても、想像しがたい面があるか

カウラ日本庭園

グリフィス理事長夫妻と

らです。

「生きて虜囚《りょしゅう》の辱《はずかし》めを受けず」との戦陣訓に囚《とら》われ、武人としての名誉を優先したとの解釈は当然あるでしょう。同時に、故郷を偲《しの》び、父母の安全を願い、妻や恋人や残される子供たちへの断ちがたい思いを抱えつつ、無理な蜂起に従った各人の苦悩と絶望がどれほど深いものであったか。日豪間の相互信頼が進んだ今だからこそ、理解が促進される部分もあるのではないかと感じました。

安全保障の協力

かつて干戈《かんか》を交え、カウラの悲劇に直面した日豪両国も、今は安全保障面での協力を強力に推し進める間柄となりました。豪州軍と自衛隊の間では共同演習、共同巡航がたびたび行われ、二〇二〇年十一月には、日、豪、印、米の四カ国で共同海上演習「マラバール」が実施されるまでに至りました。

過去を忘れず、しかし、それを糧にして和解を達成し、協力を深化させてゆく。これこそが、カウラで失われた日豪双方の貴重な人命に報いる道であると思いながら、キャンベラへの帰途につきました。八月の慰霊祭、九月の桜祭りをはじめ、カウラには事あるたびに足を運ぼうと誓いました。

3 天皇誕生日レセプション

一年で最も大事な行事

二月二十五日には、大使公邸で天皇誕生日（二月二十三日）レセプションを開催しました。在外公館にとって、数ある年中行事のうちで何よりも大事なのが、この天皇誕生日レセプションです。どの国にも「ナショナルデイ」（独立記念日など）を祝う式典がありますが、日本にとっては天皇誕生日レセプションがそれにあたるからです。

豪州政府の閣僚・次官クラスの要人のみならず、議員、軍人、財界人、主要ジャーナリスト、第三国の大使クラスなどが集い、また、在留邦人の方々も参加されます。天皇誕生日を盛大にお祝いすることはもちろん、関係者による常日頃の日豪関係増進の尽力に対して深い謝意を表すると同時に、「日本」を売り込む絶好の機会なのです。

コロナ禍の中での決行

当然のことながら、二〇二一年は実施するかどうか、随分と議論をしました。最終的には、キャンベラの所在する首都地域（ACT）において新規市中感染者が七カ月も発生していなかったこと、ACTの規則によれば屋外を活用して「安全な距離」をとれば五百人までのレセプション行事が認められていたことなどを踏まえ、豪州政府外務貿易省とも密接に相談しつつ、実施することとしました。

その代わり、コロナ予防策には万全を期しました。①各所に消毒液を配置、入口での体温測定、②食事はあらかじめ盛り分けてサーブ、③レシービングラインで来客を迎えて挨拶する大使夫妻と防衛駐在官夫妻はマスク着用、④式典でのスピーチは来客から離れた公邸バルコニーから実施、といった具合です。

ギレスピー豪日議連会長と筆者夫婦

大成功

結論から言えば、開催して大成功でした。事前の予想を遥かに上回る三百五十名近くの方が出席され、予定の時間を大幅に超えて和《なご》やかに歓談していただくことができました。多くの出席者から、「コロナ禍でこのような親密な行事がなくて物足りなく思っていたところ、日本が敢行してくれた。タイムリーで実に良かった」と好意的な評価が寄せられました。

手前味噌かもしれませんが、持てるものをすべて活用し、日本らしいおもてなしをすることができました。例えば、次のようなものです。

公邸の日本庭園

●庭の活用

キャンベラの公邸の手入れの行き届いた美しい日本庭園を開放。公邸建物に招客が集中しないよう案内し、「三密」を回避。季節が南半球では夏であったこと、また、当日朝は停電さえ発生するような激しい雷雨であったにもかかわらず、夕方のレセプション時にはさわやかな「日本晴れ」になった天候も幸いしました。

●和食メニュー

日本大使公邸に来られる招客は、日本食に期待しています。そこで、立食でも食べやすい日本食（冷やしうどん、海老天ぷら、寿司、牛丼、和牛ステーキ、どら焼き）をそれぞれ数百人分も小形料理人をはじめとするチーム・ジャパンで用意し、大好評でした。言うまでもなく、お酒は、昨今、貿易制限という困難に直面している豪州ワインをふんだんにサーブしました。

●民・官連携

心強かったのは、民間企業から誠に強力な援軍が得られたことです。例えば、茨城の吉久保酒造は、私が警察官時代に馴染んでいた茨城の銘酒「一品」を、シドニーの抹茶ブランド「matchamatcha」からは大人気の抹茶ソフトクリームを出していただきました。キリン、アサヒ、サントリー、伊藤園からも各種飲料をご提供頂いたのは、ありがたい限りです。

さらには、ホンダ、マツダ、三菱、日産、トヨタ、いすゞ各社のご協力を得て話題の最新モデルの自動車などを公邸庭に陳列。実に壮観でした。日本の自動車産業のバラエティと技術力を強く印象づけることができました。

公邸内では、全日空、日本航空、JR東海、富士通、日立、ダイキン、ヤマハ発動機各社からも趣向を凝らした出品を展示。

これらにとどまらず、要人が集まる機会にインプットすべく、話題のHESC（水素プロジェクト）やクエスタコン（豪州国立科学技術センター）・JAXA（宇宙航空研究開発機構）による「はやぶさI&2」のモデル陳列、JNTO（日本政府観光局）による日本観光紹介、新潟県長岡市・群馬県による観光パンフレット配布、さらには東京オリンピック・パラリンピックのぬいぐるみ陳列など、関係団体・企業のご協力により、間口広く奥行き深い日本紹介ができたのではないかと考えています。

●着物

改めて威力を痛感したのが、日本女性の着物でした。館員夫人をはじめ、十人以上もの和装の女性が艶《あで》やかな着物で会場を動き回るにつれ、賛辞と感嘆の声に包まれました。私もせっかくお気に入りのポール・スチュアートのスーツで格好を付けたつもりでいたのに、旧知の豪州人女性から、「着物と比べると、色あせるわよね」と言われたのは、悲しくも嬉しい反応でした。

●スピーチ

来客を代表してデービッド・ギレスピー下院議員（豪日議連会長）から日本への温かい思いとユーモアのこもったご挨拶をいただきました。

私からは、「外務省の人間の話は、いつも三拍子そろっている（長く、くどく、うざい）」としばしば言われてきたことを意識し、極力短く、かつ、ジョークを交えた挨拶を心がけました。長年にわたって日豪両国間の「信頼」を築き上げて来た業績に対する敬意と感謝の念を込めて、あえて例示的にいくつかの個別具体的な企業名に言及し、スポットライトを当てさせていただきました。

壇上の筆者

4 揺れる自画像

キャンベラに着任後、そろそろ百日が経過しようとしています。政界、官界、経済界、マスコミ、シンクタンク、諸外国の大使たちと精力的に会って意見交換をする中で、「豪州はどのくらいの力を持った国なのか？　ミドル・パワー（中規模国）と称するのが適当なのか？」という話題が出ることがあります。

「自己主張が控えめな国」

ブルース・ミラー元駐日大使が日本在勤中にマスコミのインタビューに答えて、日本と豪州の共通点として、「自己主張が控えめな国」（countries of understatement）と形容したことがあります。英国宰相のチャーチルが得意とした「身の丈以上の試合をする」（punching above its weight）とは対極にある対外姿勢と言えましょう。こうした姿勢があるせいか、私には時々豪州の自己評価が必要以上に控えめで、それによって第三者による正当な評価を妨げている感がしています。

豪州人の中には、G20（金融・世界経済に関する首脳会合）の有力メンバーとなった豪州は、もはや「ミドル・パワー」ではないとの静かな自信もある一方で、「いまだに小国である」などと、必要以上に自己卑下した評価があります。こうした豪州の揺れる自画像に、部外者は得てして戸惑ってしまうのです。

人口、製造業

過小評価の背景には、「人口が少ない」との建国以来の強い問題意識があります。二十世紀初頭には五百万、これが第二次大戦後の急成長で二千五百万人に達したものの、いまなお「大国」とされる国には及ばないとの論点です。興味深いのは、人口が増え続け、二〇三〇年前後には三千万人を超えるとの見通しもあることです。

製造業については、第二次大戦中は戦闘機を製造し、戦後は鉄鋼、自動車産業を育成しようとした経緯があるだけに、今も強い思い入れがあります。ただし、農業、エネルギー・鉱物産業などにおける大規模化、オートメーション化の進展や、サービス産業におけるイノベーションの進展などを見ると、製造業の栄衰のみをもって国力を測ることには異論もあるでしょう。G7メンバーであっても、日本やドイツのように強固な製造業の基盤を有している国ばかりでないことは、ご案内のとおりです。

「グローバル・パワー」

私見を問われるたびに、私は豪州を「グローバル・パワー」と称しています。何をもって「大国」と評価するか、「ミドル・パワー」にとどまるかはいろいろな物差しがあるし、人の主観にも左右される一方、豪州が国際的な影響力を持った国であることは歴然としているからです。

私が日常的に接している豪州政府の各機関を見た場合、特に、豪州軍と情報機関の力量は注目に値します。軍隊は総勢約六万人と小ぶりですが、時代の先端を行く装備に恵まれ、まさに精強です。何よりの強みは、第一次大戦以降、主要な戦争にすべて参加し、豊富な実戦経験を積んできていること。イラクに派遣された自衛隊部隊と緊密な協力をしたことは、記憶に新しいところです。

元外務省国際情報統括官として実感を込めて言えば、豪州とのインテリジェンス協力は緊密です。ファイブ・アイズ（米、英、豪、加、ニュージーランドの英語圏五カ国による機密情報共有の枠組み）の有力な一翼を担ってきた豪州の情報機関の有能かつ活発な活動ぶりは、この世界に身を置いた者であれば誰しも納得するところです。

地域のルール・秩序作り

加えて、豪州がAPEC（アジア太平洋経済協力）、TPP（環太平洋パートナーシップ）などのアジア・太平洋地域の経済統合の推進役として果たしてきた構想力、実行力は、注目に値します。トランプ政権下の米国が抜けた後のTPPが瓦解せずに保たれた背景には、日豪の協力があります。また、RCEP（地域的な包括的経済連携）協定交渉の過程で、より質の高い貿易自由化とルール作りを推進したのも、日豪両国でした。

まさに、「グローバル・パワー」と呼ばれるゆえん。パリにあるOECD（経済協力開発機構）では、二〇二一年十一月から豪州のコーマン元予算大臣が事務総長に就任し、グローバル経済（特に貿易・投資）に関わる最大のシンクタンクと呼ばれる国際機関でリーダーシップを発揮することとなります。次長には日本人の河野正道氏もいます（補足：二〇二一年九月から武内良樹氏が次長就任）。この分野でも、日豪のコラボが展開されることは心強い限りです。

より大きな絵柄として、クアッド（Quad：日米豪印）があります。米国やインドと並んで、ワクチン配布、気候変動問題対策、重要・新興技術問題への対応に当たって、豪州がいかに強力な日本のパートナーとなったかは縷々《るる》報じられているとおりです。

どこにでもいるオージー

興味深い統計があります。インバウンドの外国人観光客のうち、一番お金を落としていくのはどこの国でしょうか？

実は、「爆買い」のイメージが強いアジアの隣国ではなく、オージー（豪州人）なのです！　なんと一回の旅行で、約二十五万円。しかも平均滞在期間は十二・九日と、こちらも最も長い国のひとつです。まさに、上客なのです。

■ 国籍・地域別の訪日外国人1人当たり旅行支出と旅行消費額

（出典：「訪日外国人消費動向調査　2019年年次報告書」観光庁）

2019年暦年

国籍・地域		a. 1人当たり旅行支出（円／人）	前年比	b. 訪日外国人旅行者数注（人）	前年比	c. 訪日外国人旅行消費額（=a×b）（億円）	前年比
	全国籍・地域	158,531	3.6%	29,855,742	3.5%	47,331	7.2%
一般客	韓国	76,138	−2.5%	5,568,997	−26.0%	4,240	−27.8%
一般客	台湾	118,288	−7.3%	4,609,007	2.7%	5,452	−4.8%
一般客	香港	155,951	0.9%	2,252,080	4.0%	3,512	4.9%
一般客	中国	212,810	−5.4%	7,995,815	23.5%	17,016	16.8%
一般客	タイ	131,457	5.7%	1,316,885	16.6%	1,731	23.2%
一般客	シンガポール	173,669	0.5%	489,969	12.6%	851	13.2%
一般客	マレーシア	133,259	−3.2%	497,655	7.4%	663	4.0%
一般客	インドネシア	131,087	−7.3%	410,288	4.2%	538	−3.4%
一般客	フィリピン	107,915	−11.5%	609,549	28.8%	658	14.0%
一般客	ベトナム	177,066	−6.0%	494,251	27.6%	875	20.0%
一般客	インド	157,244	−2.6%	173,692	13.9%	273	11.0%
一般客	英国	241,264	9.2%	412,848	27.2%	996	38.9%
一般客	ドイツ	201,483	5.1%	229,430	7.8%	462	13.2%
一般客	フランス	237,420	10.0%	335,862	10.5%	797	21.6%
一般客	イタリア	199,450	−10.8%	162,074	8.6%	323	−3.1%
一般客	スペイン	221,331	−6.7%	129,895	9.7%	287	2.4%
一般客	ロシア	183,015	−2.8%	118,684	26.8%	217	23.3%
一般客	米国	189,411	−1.1%	1,700,805	12.8%	3,222	11.6%
一般客	カナダ	181,795	−0.8%	366,758	13.7%	667	12.8%
一般客	オーストラリア	247,868	2.4%	610,955	12.7%	1,514	15.5%
一般客	その他	221,514	10.9%	1,370,243	15.2%	3,035	27.7%
クルーズ客		39,710	−10.2%	2,026,307	−13.3%	805	−22.2%
全体				31,882,049	2.2%	48,135	6.5%

注）出典：日本政府観光局（JNTO）「訪日外客数」（暫定値）、法務省「出入国管理統計」船舶観光上陸許可数
　　一般客の旅行者数は、訪日外客数からクルーズ客の人数（船舶観光上陸許可数）を除いたもの。

■ 国籍・地域別の滞在日数

（出典:「訪日外国人消費動向調査　2019年年次報告書」観光庁）

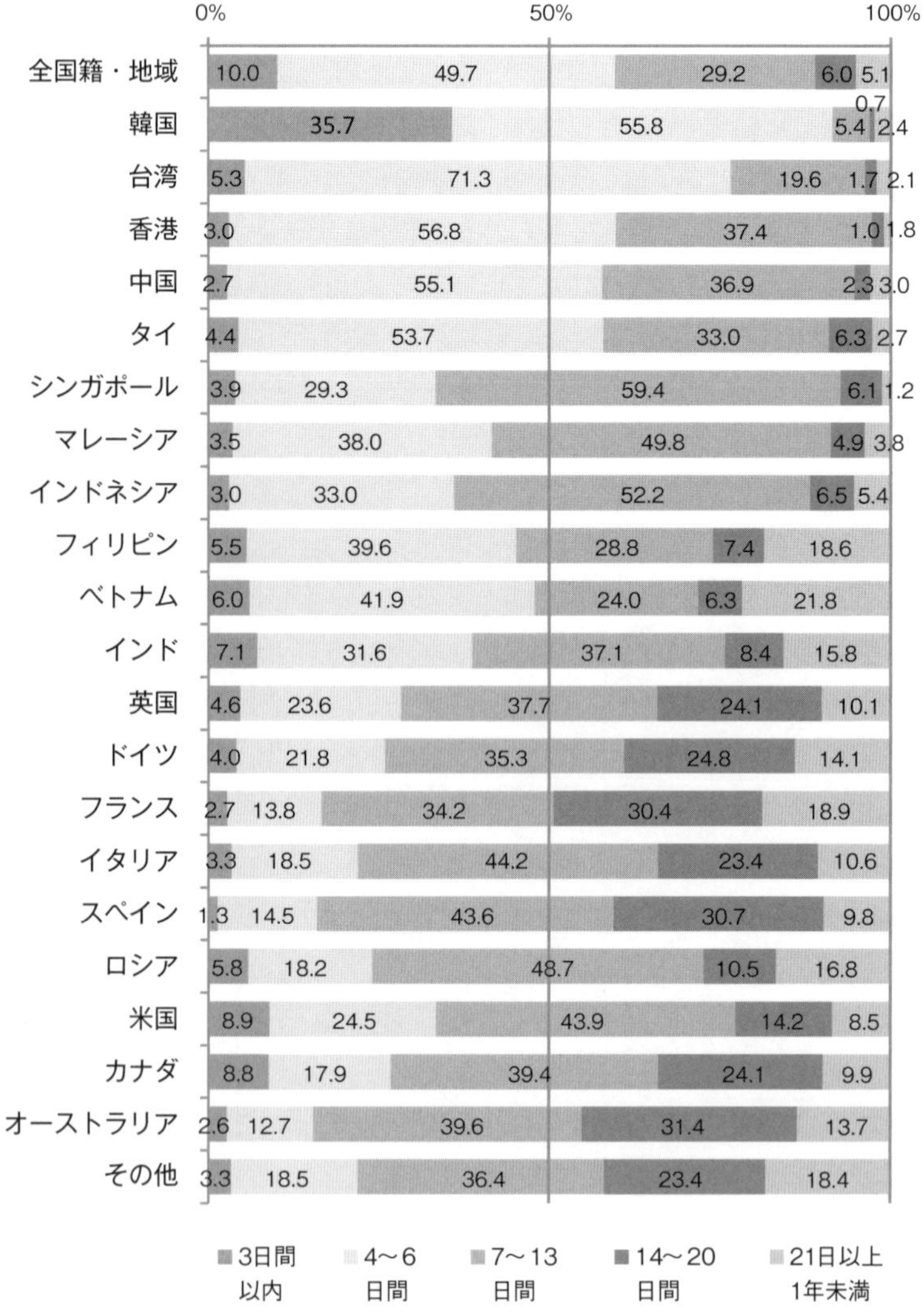
0%
50%
100%
全国籍・地域 10.0 49.7 29.2 6.0 5.1
韓国 35.7 55.8 5.4 0.7 2.4
台湾 5.3 71.3 19.6 1.7 2.1
香港 3.0 56.8 37.4 1.0 1.8
中国 2.7 55.1 36.9 2.3 3.0
タイ 4.4 53.7 33.0 6.3 2.7
シンガポール 3.9 29.3 59.4 6.1 1.2
マレーシア 3.5 38.0 49.8 4.9 3.8
インドネシア 3.0 33.0 52.2 6.5 5.4
フィリピン 5.5 39.6 28.8 7.4 18.6
ベトナム 6.0 41.9 24.0 6.3 21.8
インド 7.1 31.6 37.1 8.4 15.8
英国 4.6 23.6 37.7 24.1 10.1
ドイツ 4.0 21.8 35.3 24.8 14.1
フランス 2.7 13.8 34.2 30.4 18.9
イタリア 3.3 18.5 44.2 23.4 10.6
スペイン 1.3 14.5 43.6 30.7 9.8
ロシア 5.8 18.2 48.7 10.5 16.8
米国 8.9 24.5 43.9 14.2 8.5
カナダ 8.8 17.9 39.4 24.1 9.9
オーストラリア 2.6 12.7 39.6 31.4 13.7
その他 3.3 18.5 36.4 23.4 18.4
3日間以内
4〜6日間
7〜13日間
14〜20日間
21日以上1年未満

行き先は日本に限られません。生来の行動力もあるのでしょうか。まさに世界各地でオージーがバイタリティーを持って活動していることは、国際都市で暮らしたり、グローバル企業で働いた方には自明のことかもしれません。

日本人が気づいていないオージー

高校時代、ポップスへのドアを開いてくれたのは、オリビア・ニュートン・ジョンでした。でも、オリビアを豪州人と認識している日本人がどれだけいるでしょうか？　また、二〇一二年に公開された映画「レ・ミゼラブル」を見た時、主演男優のヒュー・ジャックマンとラッセル・クロウが二人とも豪州でキャリアを重ねてきたことを分かっている人は、相当の豪州通か芸能界通でしょう。

こうした豪州出身者のハリウッドなどでの群を抜いた活躍ぶりを「ソフト・パワー」の尺度に加えるべきかもしれません。

生活大国・スポーツ大国

欧米の数々の任地を経験した私が豪州に着任して日々感じることは、「なんと豊かな国か」という点です。今や一人あたりＧＤＰ（国内総生産）が日本の一・四倍に達しているだけではありません。燦々《さんさん》と降り注ぐ陽光、住宅の快適さ、食生活の充実、インフラの発展、日々の生活を送るに当たってのストレスの少なさ、などなどです。まさに、「生活大国」なのです。

在留邦人数が十万人近くと、中国での在留邦人数に追いつかんばかりに増えていること自体、そうした良さを多くの日本人の方々が理解していることの証左でしょう。

また、水泳、テニス、ゴルフ、ラグビー、クリケットなど、数々のスポーツで世界を驚嘆させてきたことは、説明の必要もないでしょう。サッカーのアジア予選のたびに日本の強力なライバルになってきましたし、野球ではアテネオリンピックの準決勝で日本は苦杯をなめさせられました。

オリンピック選手をはじめトップレベル競技者用トレーニング施設である日本の「国立スポーツ科学センター」が豪州の経験に学んで設置されたことは、もっと知られて良いかもしれません。

5　東日本大震災十周年

四月十五日には、東日本大震災十周年のレセプションを、約二百名の豪州人を招いて大々的に開催しました。三月十一日ではなく四月十五日に開催したのは、このレセプションの目的が震災後に豪州の各界各層から寄せられた支援に対して深い感謝を表明するとともに、被災地の復興の様子を知ってもらうことにあり、参加するゲストのご都合を優先したためでした。

ギラード元首相の心遣い

日本人であれば誰しも鮮明に覚えているあの日から十年。ありがたいことに、震災後の日本は、世界の多くの国からの支援に恵まれました。典型は、米軍の「トモダチ・オペレーション」。そんな中で、震災後の東北に真っ先に駆けつけてくれたのは、豪州のジュリア・ギラード首相（当時）でした。

今回のレセプションの開催に当たって、海外滞在中のギラード元首相に私から打診したところ、豪州にいないため残念ながら出席できないとしつつ、ビデオ参加を快諾していただきました。寄せられたメッセージでは、「ニュースで聞くのと実際に自分の目で見るのでは、全く違った」と沈重な口調で想起しつつ、被災地の方々の自制（stoicism）と強靱さ（resilience）を強調されました。心温まる励ましに強く印象付けられました。

非常に迅速だった豪州からの支援

支援はギラード首相の東北訪問にとどまりませんでした。震災発生三日後の三月十四日には、早くも横田基地に豪州からC－17輸送機で都市捜索援助隊が到着。国防軍、ニューサウスウェールズ州警察・消防・救急隊、キャンベラ特別行政区消防隊、クイーンズランド州の救急犬などの面々でした。

そして、七十六名からなる捜索隊が豪州外務貿易省、在京大使館のスタッフと一緒に南三陸町に急行。また、C－17輸送機は、食糧、水、人員などの輸送に従事。さらにその後、福島第一原発事故への対処を支援すべく、豪州は二機のC－17輸送機を追加派遣し、高圧放水ポンプを日本に届けてくれました。豪軍は保有する四機のうち、三機ものC－17輸送機を派遣してくれたのです。

だからこそ、今回のレセプションでは、支援に携わってくれたこれらの関係者をお招きし、日本人として深い感謝の念をお伝えしたかったのです。C－17輸送機などの日本派遣を果断に決断されたビンスキン豪空軍本部長（当時。その後、豪国防軍司令官に就任）、東京にあって陣頭指揮を執り、各種支援の調整に当たられたマクレーン駐日大使（当時）。ご両人にはスピーチをお願いし、貴重なお話をうかがうことができました。また、東京からビデオ出演された旧知の岩崎茂航空幕僚長（当時。その後、統合幕僚長に就任）からは、震災発生当時のビンスキン氏とのやりとりなど、お二人の友人関係が迅速な派遣決定につながったエピソードなどを臨場感溢れる形で披露されました。

ユースプログラム

豪州が差し出してくれた温かい手は、緊急支援だけにとどまりませんでした。「東北ユースプログラム」を打ち出し、震災で親御さんを亡くした被災地の生徒をキャンベラに招待、一般家庭にホームステイさせてくれたのも、豪州でした。そこで、こうした生徒を受け入れてくれた豪州のホストファミリーも、家族ぐるみで招待しました。

会場には、このプログラムに参加し、キャンベラでホームステイした日本の若者二名のメッセージが流れました。親と死別し、震災のため3・11後の数年間の記憶がないと淡々と述懐しながら、丁重に豪州やホストファミリーへお礼を言う若者。彼らの姿を見た時、列席の多くの人々が目頭を熱くし

豪州への感謝を述べる筆者

ていました。直後のスピーカーであった私は、不覚にも涙目で登壇し、豪州への謝辞を述べることとなりました。

思い余った拙いスピーチの中で、「私たちはオーストラリアが日本のためにしてくれたことを決して忘れない」（We will never forget what Australia has done for Japan.）というラインを、気がつくと二回繰り返していました。

「東北頑張れ」

レセプションでは、復興の状況を各種の写真パネルなどで訴え、また、被災地の食材をふんだんにアピールしました。南三陸町から取り寄せた人気の「笹かま」はもちろん、仙台味噌を使った焼きおにぎり、三陸沖の昆布やわかめを使ったうどんは飛ぶようになくなりました。

福島、宮城、岩手、茨城の銘酒には、行列ができました。いずれの銘酒もキャンベラで購入可能と聞いて喜ぶ姿が印象的でした。

嬉しかったのは、お招きしたオーストラリア人の大半が、ふだん大使公邸に来られる機会がほとんどない方々であったことです。公邸常連組の政治家や政府高官や各国大使ではなく、空軍や消防隊、救援隊の現場で汗を流している人々。多くは制服、制帽着用でした。ホストファミリーの方々も、お子さん同伴で駆けつけてくれました。

敷居が高かっただろう大使館に何とか都合を付けて来た方々に日本食を楽しんでもらい、当時の思い出話をうかがうにつけ、豪州の支援に感謝するこのレセプションをやって本当に良かったと思いました。

忘れられない記憶

福島第一原発事故の後、放射能汚染を恐れた多くの国によって、被災地からの水産物をはじめとする日本産食品の輸入が禁止・規制されました。日本政府は、隣国による苛烈な輸入禁止措置が科学的根拠に基づかない不合理なものであり、ＷＴＯ（世界貿易機関）のルール違反であるとの立場から、ＷＴＯに提訴しました。一審にあたるパネルでは日本の主張が全面的に認められたにもかかわらず、二審に当たる上級委員会では、パネルの法的分析が不十分であるとの形式的理由で実質「差し戻し」になり、ＷＴＯ協定との整合性につき判断が下されませんでした。その結果、隣国の措置を撤廃させることができませんでした。

貿易ルールの遵守とルールに従った紛争解決を旨とするＷＴＯに持ち込んで解決できないのであれば、二国間の外交で解決する他ないと認識し、日本政府は総理、大臣、海外の大使、事務レベルの各層で輸入規制維持国に猛烈に働きかけました。当時外務省経済局長であった私も、農水省の幹部と連携して規制国の駐日大使を一人ひとり経済局長室に招致し、説得を重ねました。幸いにしてその後、欧州、中東、東南アジアなどの輸入規制措置が撤廃・緩和されました。しかしながら遺憾なことに、少数の近隣国では、規制措置が依然として維持されている状況です。

復興努力は続く

そうした事情があるだけに、豪州ではそのような日本産食品の輸入規制措置が現在一切講じられていないことはありがたい限りです。震災直後、そしてその後の各種の日本支援と相まって、日豪の相互理解と信頼の成熟ぶりを物語るものではないでしょうか。ALPS（多核種除去設備）処理水の海洋放出についても、豪州側の理解を得るべく丁寧に説明しているところです。

日本を遠く離れ、南十字星を仰ぎ見る日々を送る今もなお、3・11と被災地のことが心を離れることはありません。レセプション会場のピアノで繰り返し奏でられた「花は咲く」を聞いた時、豪州の心温まる支援と協力に対する感謝の気持ちをあらたにしました。そして、復興のさらなる進展を祈念しつつ、与えられた持ち場で引き続き汗をかいていきたいと念じました。

6　筆頭商務官

大使としての大きな仕事の一つに、任国である豪州と日本との経済関係を発展させることがあります。もちろん、実際の貿易・投資活動に携わるのは民間企業の方々なので、政府や大使館としてできる役回りとしては、①「ミクロ」のレベルでは、経済取引に当たって可能な支援をすること、そして、②「マクロ」のレベルでは、貿易・投資の法的枠組みを整えておくとともに、紛争が生じた場合にルールに従って解決するように努めること、があげられます。

前職が外務省経済局長であっただけに、こうした仕事には、人一倍先鋭な意識を持って取り組むようにしています。今なお敬愛されているマンスフィールド元駐日米国大使は、大使の仕事を「筆頭商務官」と称しました。まさに、大使が先頭に立って行うべきことがたくさんあるのです。

地方出張

豪州各地に出張に行くたびに心がけていることがあります。

- 日本企業の工場や事務所などを可能な限り訪れ、ビジネス最前線の状況を勉強し、直面して

2021年3月の豪経済紙主催ビジネスサミット

いる困難や苦労について把握すること、
・州政府の経済当局関係者や豪州人ビジネスマンと会い、日本との経済関係のさらなる発展の可能性を探ること、
・地元メディアのインタビューを受けたり、シンクタンクや大学などで講演をしつつ、日本との経済関係の重要性をアピールすること、です。

日豪経済関係の枠組みの整備

日本も豪州もWTO（世界貿易機関）の責任ある加盟国であり、GATT（関税及び貿易に関する一般協定）の時代から、長年GATTやWTOルールに従って貿易をとり進めてきました。その上で、貿易自由化とルール作りの両面に亘って、さらに質の高いものを達成すべく、リーダーシップを発揮してきました。

そうした観点から、日豪二国間のEPA（経済連携協定）を締結しただけでなく、TPP（環太平洋パートナーシップ）やＲＣＥＰ（地域的な包括的経済連携）協定といった地域レベルでの枠組みに積極的に参加してきたわけです。

ただし、貿易自由化のプロセスは、「自転車をこぐようなもの」と言われてきたとおり、こぎ続けないと倒れてしまう面があります。動きを止めるわけにはいきません。既存の枠組みを維持すると同時に、必要に応じて拡大・強化していくことも欠かせません。ＴＰＰへの英国、東南アジア諸国、台湾などの加入やＲＣＥＰ協定へのインドの加入に当たって、日豪の協力が重要である所以《ゆえん》です。

豪州政府要人と日本企業との仲立ち

前記の役回りに加えて、大使館としてできる支援として、豪州の要人と日本企業との関係強化の仲立ちがあります。豪州政府要人と日本企業トップ双方との面識や人脈を積み重ねてこそ、初めて可能となる役回りです。

こうした問題意識に立って、スミス下院議長やテーラー・エネルギー資源大臣（いずれも当時）といった豪州側要人と、日本企業関係者（商社、メーカー、銀行など）の双方を公邸にお招きし、夕食を共にしながら突っ込んだ意見交換を行う機会を設定しました。機会を見つけては積極的にこうした場を設定し、日豪経済関係の強化に貢献していくことが大事なのです。

豪州の経済人への支援

むろん、日豪経済関係を強化するための支援は、日本企業にだけ向けられているわけではありません。先日も、水素事業について日本企業と商談を行うために訪日を希望していた西豪州の財界人や、日本での事業拡大のために急遽訪日を希望してきたニューサウスウェールズ州のビジネスマンなどに対して、ビザの発給や日本への入国支援に努めました。これも大使館や総領事館の重要な仕事の一つです。

伝統的補完関係を超えた新たな地平線の拡大

長らく日豪経済関係は、豪州から羊毛、農産物、エネルギー、鉱物資源などを輸出し、日本からは機械製品や自動車を輸出するという「補完的貿易関係」と称されてきました。

そうした中で、近年は水素（日本の資本と技術を利用して水素を豪州で生産し、日本に輸送）、インフラ投資（日本企業の技術、資本、構想力を活用し、西シドニーでスマートシティを設置）、宇宙協力といった新たなフロンティアへ協力が拡大・深化しています。

石炭ガス化・水素製造施設

大使館としても、目の前だけを見るのではなく、十年、二十年、さらには五十年後の日豪関係を見据えて、できる限りの協力を積極的に推進していくつもりです。

高速鉄道

その関連で、しばしば豪州人との話題に上るのが、高速鉄道導入の是非です。長年議論の俎上《そじょう》に上ってきては、経済性（コスト高）を理由に、どちらかというと高速鉄道（High Speed Rail）よりも高速度鉄道（Faster Rail）に傾斜してきた経緯があります。それだけに、簡単な話ではありません。

しかし、シドニーからキャンベラへの距離は二百八十キロであり、東京・豊橋の距離です。メルボルンまで伸ばせば八百キロで、東京・広島の距離です。

「新幹線があったら、なんと便利だろう」という声が、日本人だけでなく、訪日経験豊富な豪州人からも、たびたび聞かれます。

西シドニーの空港開発、二〇三二年のブリスベンでの五輪開催といった新たな展開を見るにつけ、改めてじっくりと議論してみる価値がある課題でしょう。

「オーストラリアの広大な赤土の大地を日本の新幹線が疾走する」

なんとも夢のある情景ではないでしょうか。

7 「食は豪州にあり」

「食は広州にあり」。昔から中国を旅するたびに聞かされてきた言葉です。食通でなる中国人にとっても、広州料理が一目も二目も置かれる存在であったことを端的に表しています。

期待を上回る食の質

そんな広州に隣接する食の都の香港で在勤したことのある私にとって、率直に言って、豪州在勤は食生活の面で高い期待を持たせるものではありませんでした。五年間の米国生活、三年間の英国生活を経験してきたので、その延長ぐらいに考え、勝手に期待値をコントロールしていたのです。

ところが、ドッコイ。

大使としての信任状を捧呈した後に、ハーレー連邦総督夫妻に公邸でご馳走になりました。いきなり、カンガルー肉のおもてなし。豪州ならではのユニークな食生活が始まりました。

そこで発見したのは、キャンベラでは、政治家やロビイストが集まるような高級レストランの質が高いのは不思議でないとしても、普段の何気ない素朴な料理が美味しいのです。Tシャツ・短パンのオージー（豪州人）がかぶりつくフィッシュアンドチップスが、お気に入りのロンドンの高級倶楽部で出されるものに勝るとも劣らないレベルであったことには驚きました。

美味しさを支える素材

着任五カ月を超えた今、オージーから「豪州生活を満喫しているか？」と聞かれるたびに、「もちろん」と応じるとともに、食事の質の高さを指摘しています。そうすると、得てして相手の顔に「我が意を得たり」との表情が浮かびます。彼らの説明を聞いていると、理由は大方次の二点に集約されます。

農業大国だけあって、牛肉、羊肉、小麦、野菜、フルーツ、乳製品など、スーパーで手に入る食料品の品揃えの多さとその質の高さには、感心します。ちなみに、豪州産牛肉は、今や日本市場でも、米国産を上回るナンバーワンの市場シェア（四十三パーセント）を占めています。

その昔、出張でシドニーに来た際、ふとした拍子で入った

キャンベラのスーパーにて

寿司店のサーモンの握りが、実に美味かったこと。聞けば、タスマニア産。四方を海に囲まれる巨大な島国である豪州は、サーモンやロブスターなど水産物の宝庫でもあります。

「多文化共生主義」（マルチカルチュアリズム）

豪州生活が長い在留邦人の方曰《いわ》く、「欧米では、エスニック料理は受け入れ国の人々の嗜好《しこう》に合わせて加工されてしまうのに対し、豪州では本場の味が楽しめる」とのこと。言い得て妙です。その理由は、移民世代の歴史が浅く、一世、二世が多いため、「本物感」（authenticity）が残っているとの分析です。

インド太平洋地域との関係で言えば、豪州との距離が近く、食材の調達や料理人の流れが欧米よりも遥かに容易であるとの面もあるでしょう。

キャンベラへの赴任に当たって、豪州の情報機関の人が東京でしてくれた送別会が銀座のギリシャ料理レストランであったのは、今思えば象徴的でした。ギリシャ系移民の多い豪州で流行《はや》っている店とのこと。マルチカルチュアリズムの豪州ならではの話です。

日本に出回らない豪州産高級ワイン

豊かな食生活に欠かせないのが、「命の水」です。豪州に赴任して、サーブされるワインの種類の豊富さと質の高さには、強く印象づけられてきました。

ただし、皮肉なことがあります。豪州人に対して豪州ワインを日本でも飲んでいたとして、日本で手に入る銘柄を言うと、複雑な表情を示す人が少なからずいるのです。実は、様々な地方、ブランドがあり、特に豪州人自慢の高級ワインがあるだけに、それが日本では出回っていないことを訝《いぶか》しく、かつ、残念に思っているようです。

南オーストラリア州のバロッサバレー、マクラーレンベール、西オーストラリア州のマーガレットリバー、ニューサウスウェールズ州のハンターバレーなどは、そうした高級ワインの産地の一例です。

すでにフランス、イタリア、チリなど、各国のワインが相当に入り込んでいる日本市場。豪州ワインに対する認識が変わり、かつ、豪州側の販売努力も倍加されれば、事態が好転するのではないでしょうか。殊に、中国との関係で摩擦を抱えた豪州側が輸出先を多角化するのが時代の要請である現在、日本でもオージー自慢のワインが手に入りやすくなる日が遠くないことを期待しています。

和食への関心の高さ

こうした豪州で和食への関心が高まっていることは、日々の生活で実感します。公邸での食事に声をかけると、非常に多くの人が喜んで来てくれます。キャンベラでも、人気ラーメン店に豪州人が並んで待つ時代になりました。

コロナ対策のため、来豪する日本人に課されるホテルでの二週間の隔離生活は、実につらいものがあります。先日、シドニーのホテルに缶詰になっていた友人の西郷輝彦（その後、逝去）さんに、日本料理店で作ってくれた寿司弁当や蕎麦弁当を差し入れしました。こんなことができる世界の都市は、ほとんどないでしょう。小形料理人は、右に左に大忙しの日々を送っているものの、せっかくの和食への関心に応え、大使館ホームページ上で料理教室を始めることとしました。

今や「食は豪州にあり」。コロナ禍が落ち着いた暁には、是非豪州にお越しの上、感想をお聞かせください。

8　冬のキャンベラ

「さぞかし寒いでしょう?」

豪州各地を旅して、「キャンベラから来た」と言うたびに接する質問です。そんなキャンベラの冬の日に光を当ててみることとします。

豪州一の寒冷地

地図で見ると、キャンベラより緯度の高い都市はいくつもあります。南半球で「緯度が高い」というのは、より南、すなわち南極に近いことを意味します。太陽が北から照る南半球の豪州にあっては、南に行けば行くほど、より寒くなるのが通例です。

ところが、天気予報で気温を調べてみると、大抵の場合、南にあるメルボルンやホバートより、キャンベラの気温の方が低いのです。

キャンベラは内陸にあるだけでなく、標高も高い。海抜六百メートル。高尾山の頂上で暮らしているような感じでしょうか。冷え込みの厳しさを理解していただけるでしょう。

■ オーストラリアの標高

（出典:Geoscience Australia［豪州政府機関］ホームページ）

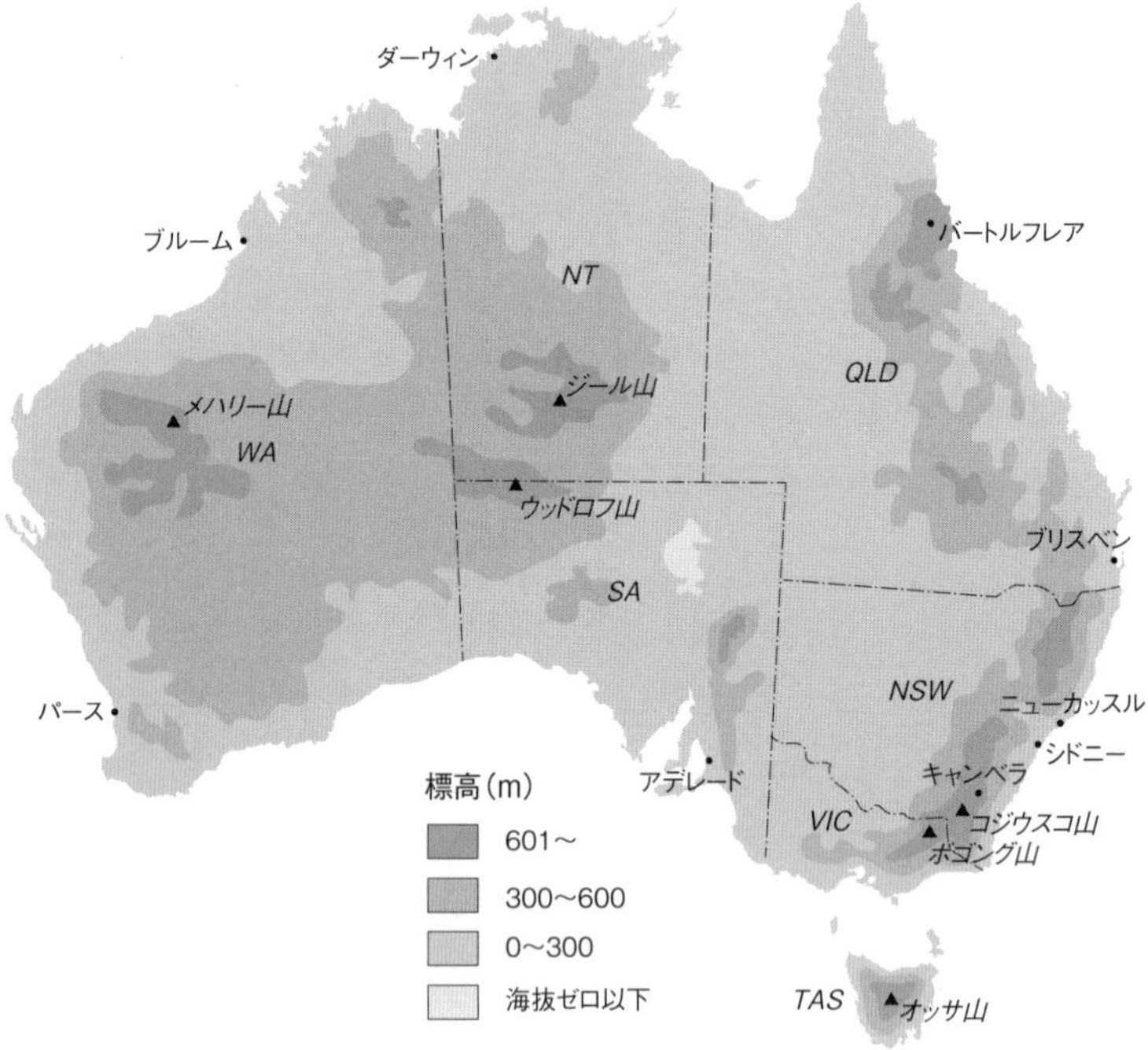

豊穣の陽光

でも、長年、凍てつく信州の冬を経験してきた私のような人間にとっては、キャンベラの冬は優しいものです。それにつけても嬉しいのは、ほぼ毎日陽光が燦々と降り注ぐこと。早朝の気温が氷点下であっても、日中には十度を上回る日がほとんどです。

前任地はロンドンでした。夏目漱石、江藤淳をはじめとする多くの知的巨人の心象風景に暗い影を落としてきた彼の地の、冷たい雨がそぼ降る冬と比べれば、明るく健康的なこと、この上ありません。

英国と豪州の風景画を比較した美術評論家が、「緑が強く、陽が弱い」英国と「緑が弱く、陽が強い」豪州と端的に表現したことがあります。なるほどと得心しています。

朋《とも》、遠方より来る

そんなキャンベラの冬をいっそう明るくしてくれたのは、六月中旬の西郷輝彦ご夫妻の来訪でした。ご本人がユーチューブの動画で説明していましたが、前立腺がんを患ってきた西郷輝彦さんは、日本では認められていない治療方法を求めてはるばるシドニーへ来訪。治療の合間を縫って、キャンベラを訪問されたのです。

コロナ禍にあって、日本から豪州への客人が極端に少ない中、二月から三月にかけてお迎えし

在りし日の西郷輝彦氏と筆者

た旧知の東大公共政策大学院の高原明生教授ご夫妻に次いで、二組目の来客でした。

歌手としても役者としても道を究められた方。オーラが違います。こうした各界の一流人にお会いできるのが大使稼業の醍醐味でもあります。話をうかがうたびに、自らが小賢しげに泳いできた井戸の小ささを思い知ることになります。

キャンベラ再発見

いつもは日頃の忙しさにかまけて、足下のキャンベラをじっくり見る機会が意外とありません。来客をお迎えした機会に、一緒に観光名所（連邦議会議事堂、美術館など）を回ることができました。突き抜けるような青空の下にゆったりと広がる端正な街並み、それを取り巻く牧草、丘陵地帯。これらを一望の下に見渡すことができるテレストラ・タワーからの光景には、さすがに唸《うな》りました。

キャンベラを斬りに来た（笑）日本のスターに会いたかったのでしょうか？ 母親の袋からつぶらな瞳をのぞかせる子供を含め、数十頭のカンガルーの出迎えを受けました。西郷夫妻ともども、郊外に勢揃いした壮観を目の当たりにしたとき、オーストラリアにいることを実感しました。

キャンベラでは市中感染者が十一カ月も発生していません。交通渋滞や人混みと無縁な市街地では、ストレスも低く抑えられ、クラクションを鳴らす人など、まずいません。湖を街の中心に抱き、緑豊かで陽光煌《きら》めくキャンベラには、独特の開放感があります。

ゆったりと時間が流れるキャンベラ。コロナ禍が落ち着いた暁には、多くの観光客を惹《ひ》きつけることでしょう。

テレストラ・タワーから見下ろしたキャンベラの風景

連邦議会議事堂

たくさんのカンガルー

9 シネマ・ワールド

「豪州と豪州人を深く理解するために読むべき本と見るべき映画を教えてください！」

豪州行きが決まってから、豪州人の友人、豪州での生活経験を有する日本人を捕まえては、私が聞いてきた質問です。ということで、今回はいささかプライベートな話を含めた映画論です。

国変われば、映画変わる

学生時代、駒場での授業の合間を縫っては渋谷の映画館に通っていた人間にとって、映画は極めて身近な存在。ニューヨークでの留学中、親友のイタリア系米国人から、「移民の国アメリカを知るためには、『ゴッドファーザー』は必見」と言われ、グリニッジビレッジの小さな映画館で三部作を一気通貫で見たのが昨日のことのようです。

それ以来、いかなる任地に行っても、その国とその国民を知るために見るべき映画を人に尋ね、時間を作っては見るようにしてきました。なかでも、英国勤務時代は見るものが実に多数あり、満喫しました。長く暗い冬の徒然を慰める意味でも、効果的でした。

映画鑑賞で英語を勉強

ネットフリックス全盛の今時笑われるでしょうが、私の鑑賞法は特異です。ＤＶＤを買うか借りてきて、字幕を英語にして、じっくりと自分のペースで見ます。聞き落としたところは「巻き戻し」、気に入ったシーンは何度でも見ます。「ゴッドファーザー」や「めぐり逢い」(Love Affair)など、見た回数は十回を下らないでしょう。

実は、帰国子女経験を有さず、二十四歳になって初めて海外に出た私にとっては、英語の習得はとりわけ難物でした。いまだに勉強の毎日で、特にヒアリングには苦労しています。そこで、編み出したのが前記の勉強法。外務省の課長時代、米国研修に飛び立つ後輩を指導した際にも、強く薦めたやり方です。

豪州映画は宝の山

そんな経験を、豪州赴任に当たっても踏襲。特に、以前から「クロコダイル・ダンディー」「マッドマックス」「ベイブ」などの豪州映画に親しんできたので、敷居が低かったこともあります。

蓋を開けてみると、豪州には非常に多様な映画があります。

各界の人々の推薦を受けてきた宝の山を独断で整理すると、こんな感じでしょうか？

① 多くの豪州人がこよなく愛する海やビーチとの関わりが印象的なもの

例：「Breath」（ブレスあの波の向こうへ）
②赤土の大地と荒野（アウトバック）でのライフスタイルが印象的なもの
例：「The Dressmaker」（復讐のドレスコード）、「The Dry」（渇きと偽り）、「Ned Kelly」（ケリー・ザ・ギャング）、「Tracks」（奇跡の2000マイル）
③歴史もの
例：「Gallipoli」（誓い）、「Australia」（オーストラリア）
④アボリジニをテーマにしたもの
例：「Rabbit-Proof Fence」（裸足の1500マイル）、「Sweet Country」（スウィート・カントリー）、「The Sapphires」（ソウルガールズ）
⑤コメディ
例：「The Castle」（キャッスル）、「Muriel's Wedding」（ミュリエルの結婚）、「Strictly Ballroom」（ダンシング・ヒーロー）、「The Dish」（月のひつじ）、「Kenny」
⑥ファミリー・ヒューマンドラマ
例：「Red Dog」（レッドドッグ）、「Penguin Bloom」（ペンギンが教えてくれたこと）、「Paper Crane」、「Amy」（エイミー）、「Shine」（シャイン）、「Storm Boy」、「They're a Weird Mob」
⑦ドラッグなど、社会問題を取り上げたもの
例：「Animal Kingdom」（アニマル・キングダム）、「Candy」（キャンディ）

⑧ラブストーリー
例：「Japanese Story」（ジャパニーズ・ストーリー）
⑨ミステリー、スリラー
例：「Picnic at Hanging Rock」（ピクニック at ハンギングロック）、「Lantana」

相互理解の架け橋

無論、一作二時間余りの映画では、あえてドラマティックな演出をしたり、ストーリーを単純化することが得てしてあるのは、ご案内のとおり。ですので、映画だけを見てその社会を分かった気になるわけには、到底いきません。また、コメディなどの中には、日本人を笑いのネタにしたものも散見されるので、愉快でない気分になることもあります。

他方、豪州の人々が何に笑い何に泣くのかを知る上では、生きた格好の教材です。先日もあるスピーチでコメディ映画での台詞《セリフ》を引き合いに出したら、会場がワっと沸きました。

日本を知るためには？

コインの裏側としてあるのは、「日本や日本人を知るために、どんな映画を見たらよいのか？」と豪州人から聞かれることです。ひと昔前であれば、黒澤映画や小津映画でしょうか？　公務員としては、「生きる」は必見でした。より近年であれば、「おくりびと」「ＡＬＷＡＹＳ　三丁目の夕日」「ラスト サムライ」あたりでしょうか？　寅さんを見て笑って欲しいし、「男たちの大和／ＹＡＭＡＴＯ」や「永遠の０（ゼロ）」を見て当時の日本人の心情をより深く理解して欲しいとの声も聞こえてきそうです。「ドライブ・マイ・カー」のアカデミー賞受賞も、日本人の感性を共有してもらう意味で、嬉しいニュースでした。

ちなみに、キャンベラでは近くポーランド大使館と共催で、杉原千畝《ちうね》をテーマにした映画会を開催予定です。こうした営みを通じて、日豪の相互理解を深める努力をしていきたいと思います。

10　ナショナル・プレス・クラブ

七月中旬、キャンベラのナショナル・プレス・クラブ（全豪記者協会）で講演をしてきました。出来映えについては汗顔の至りですが、その貴重な経験を共有させてください。

ナショナル・プレス・クラブ

「全豪記者協会」は、もともと、オーストラリアのマスコミ記者が、豪州政府の首相、閣僚や高官の話を恒常的に聞くことができる機会を作るために設けられた由。毎年一回は豪州首相がスピーチをすることになっている、格式高いクラブです。したがって、外国大使が講演をすることは非常に限られています。

貴重な出番

今回私にお鉢が回ってきたのは、クラブ関係者から日本大使の話を聞きたいとの誘いがあったからです。当然のことながら、現下の地域情勢や豪州が抱えている貿易問題が念頭にあって、声がかかったものと思われます。日本大使の登場は六年ぶりとのことであり、千載一遇の大事な機会となりました。

総力結集

キャンベラ着任後、ほぼ毎週一回は講演をしたり、マスコミのインタビューに応じてきているので、講演自体に抵抗はありません。「口舌の徒」である外交官の大事な職務でもあります。でも、流石《さすが》に「ナショナル・プレス・クラブ」となると話が違います。

歴戦の強者の記者が集うだけでなく、講演とその後の質疑応答を含め、フルに一時間のやりとりが豪州全土に生中継でテレビ放映されるからです。

私は講演によっては自然体で原稿なしで臨むのですが、流石に三十分間、英語のネイティヴスピーカーではない私が多くの記者の前で真面目な話をするとなると、そうもいきません。準備に抜かりがあってはならぬと弁《わきま》え、大使館の優秀な日本人、豪州人スタッフと額をつき合わせて相談し、原稿を練りに練り上げました（スピーチ原稿を巻末Ⅰ頁に掲載）。

モデレーターを務めた豪州ナショナル・プレス・クラブ会長ローラ・ティングル氏（写真：豪州ナショナル・プレス・クラブ）

テーマ

せっかくの機会なので、「日豪関係の現在と展望」と称して、これまでの実績、特に最近十五年間の進展を説明し、それを踏まえた上で今後の十五年間の展望を述べてみることとしました。分野的には、①貿易・投資といった経済面での協力（特に、貿易、インフラ整備、宇宙協力）、②水素の開発などの気候変動問題への対応に当たっての協力、③東シナ海や南シナ海を舞台とする安全保障面での協力を中心として、包括的に論じることを試みた次第です。

個人的に拘《こだわ》ったのは、話が単調で平板にならないよう、各セクションに一回はジョークや小話を交えるようにしたこと。その際、外交官としての豪州社会への知的関心と愛着を表現すべく、特に意を用いました。

「特訓」の甲斐なく……

大一番だったので、原稿完成後、にわか仕込みの「特訓」に励みました。大昔の受験勉強のようでした。

週末を返上しての原稿読み込み。その上で、豪州人の大使館スタッフの前で、リハーサルを三度実施。講演で説得力を増し、自然な感じを出すべく、肝となるメッセージやジョークは暗記。舌を巻いたり唇をかんだりしつつ、日本人にとっては難しい英語の発音も何とか通じるように。

そして、姿勢を正し、赤面もののボディランゲージも入れてみたはずだったのですが……。蓋を開けてみた本番では、嗚呼《ああ》！　途中で原稿を読み飛ばして元に戻るという失敗をしてしまいました。

一部台詞の暗記と聴衆とのアイコンタクトに気をとられ、原稿を着実に追う動作が緩慢になってしまったのです。ステージの上でドッと冷や汗。「あれだけ練習したのに」という悔恨の情もこみ上げてきて、心の中はパニックの嵐でした。

笑顔に救われて

そんな中で助けられたのは、旧知の面々が会場に駆けつけて来てくれたことです。ＡＳＩＯ（豪州治安情報機関）のデービッド・アーバイン元長官（その後、逝去）、現長官のマイク・バージェス夫妻、豪州国立大学の国際関係論大学院である国家安全保障カレッジ所長のローリー・メドカフ教授、大使公邸隣人で週末のサイクリング仲間であるトーマス・フィッチェン駐豪州ドイツ大使など、友人や知己の顔を見て少し落ち着きました。

「チャーム・ブレスレット」

振り返ってみると、大きな救いは、当日身につけていたブレスレットから来たのでしょう。実は、南オーストラリア州を訪問した際にリバーランドのアボリジナルの芸術家に作っていただいた日の丸をアレンジしたビーズのブレスレットを大切にしています。その「勝負ブレスレット」を着けていったのです。講演の冒頭でも紹介しました（口絵1―2）。

また、当日は、オリンピックのソフトボール日豪戦の日でした。そこで、豪州オリンピック委員会のジョン・コーツさんにいただいた五輪用ネクタイを締めていきました。

プレゼンの道は険し

終わってみると、改めて我々日本人にとって口頭でのプレゼンテーションは本当に難しいと実感しています。大学を含め、日本の学校教育で一番欠けている部分でもあります。当日の動画を見ると、顔から火が出るほど恥ずかしい限り。同時に、「ああ言えば良かった」と思うと、夜も寝られなくなります。

少しでも改善、上達できるよう、引き続き精進と鍛練を重ねていきたいと思います。日本の外交官が売り込むべき「日本」と「日本人」という素材は、限りなく上質のものですので。

11 東京二〇二〇オリンピック

八月、東京五輪が終わりました。コロナ禍というかつてない困難の中で開催された五輪。日本国内の賛否両論は豪州まで伝わってきましたが、豪州から見るとどうだったのでしょうか？ そこを語ってみたいと思います。

感謝と賛辞

開催中から続々と聞こえてきた声は、「東京五輪は元気を与えてくれた（lift spirits）」というものでした。デルタ変異株のためにメルボルンやシドニーでロックダウンが相次ぐ中、五輪観戦が唯一の明るいニュースであったとの声にも、大きなものがありました。

主要紙の中には、「（この時世の中で予防策を万全に講じた上での）五輪開催自体がメダルに値する」との評論も登場。「コロナ禍の今、ロンドンやパリ、ロサンゼルスでは開催できなかっただろう。東京だからこそ開催できた」と私に言ってくれた方もいます。

GO! Aussie Spirit!
On 21st June, 2021 in the Residence garden of the Embassy of Japan in Australia
大使館チームによるAussie Spiritへの応援メッセージ

一貫した温かい支持

豪州政府も一貫して五輪開催を支持してくれました。英国でのG7サミットの際に行われた日豪首脳会談でも、モリソン首相から心温まる支持が表明されました。

また、参加各国選手団の先頭を切って来日したのが豪州の女子ソフトボールチームであったことを記憶しておられる方も多いでしょう。チームのその名も、「豪州魂」（Aussie Spirit）。心意気にほだされた私は、群馬太田市で隔離の上キャンプをしていたチームに、「ティムタム」（豪州人なら誰でも知っているチョコレート菓子）の差し入れをさせてもらいました。

嬉しかったのは、開会式に感激したキャンベラ在住の豪州人の方から、感謝のメッセージと共に花束が大使館に届けられたこと！　なんと素晴らしい気配りでしょうか。その後の開催期間中、そして閉会式終了後も、本当に多くのメッセージが大使館に届きました。

ゴールデンガールズとゴールドラッシュ

東京五輪では開催国日本の躍進ぶりが国内外で大きく報じられました。在外にいる日本人として、誇らしい限りです。元野球少年の私も、準決勝・決勝戦では、手に汗握って「侍ジャパン」に声援を送っていました。

大使館に届けられた花束とメッセージカード

同時に、豪州の躍進ぶりも目を見張りました。かつて最高であったアテネ五輪での金メダル数に並ぶ十七というゴールドラッシュ。中でも、お家芸の水泳では、七個のメダルを獲得したエマ・マキオン選手、米国のライバルと接戦を繰り広げたアリアーン・ティトムス選手など、「ゴールデンガールズ」が豪州全土を賑わせました。

スポーツ大国

人口一人あたりのメダル獲得数からいえば、豪州は世界トップレベルです。

「なぜ、豪州はここまでスポーツが強いのか？　特に水泳は驚異的ですね」と尋ねたところ、ある豪州の高官は、こう教えてくれました。

「豪州人にとって海は特別。七〜八割の国民が海岸沿いに暮らしている。だから、学校でも子供の時から水泳は必須。泳げない人間はいない。プールを持った一軒家に住むのが、『豪州ドリーム』」

なるほどと、納得がいきました。

日豪の共通項として興味深く感じたのは、両国とも個人競技のみならず、チームワークを必要とする団体競技でも、優れた成績を残したことです。個人競技では、豪州は水泳、セーリング、カヌー、陸上など、日本は柔道、体操、卓球、レスリング、スケートボードなど。団体競技では、豪州はホッケー、ラグビー、サッカー、バスケットボール、日本は野球、ソフトボール、サッカー、バスケットボールなどです。

「メダル数を稼ぐためだけに『ニッチな』競技を追求することはしない」との豪州人の発言にスポーツ大国の静かな矜持《きょうじ》を感じたのは、私だけでしょうか？

涙とスポーツマンシップ

豪州で五輪のテレビ放映を見ていて、もう一つの日豪共通点として強く印象に残ったことがあります。メダルを獲得したアスリートたちが底抜けに明るい歓喜の表情を見せる一方で、しばしば涙ぐんでいたことです。コロナ禍で五輪開催が一年延期され、開催の可否もおぼつかない状況下、困難な調整、練習を重ねざるを得なかったアスリートならではの苦悩と苦労が偲ばれました。

また、目を引いたのは、スポーツマンシップ、他のアスリートへのいたわりです。優勝候補とされながら日本人選手との争いに敗れた女性サーファーが、敗退が決まった瞬間に波の上でライバルに手を差し出して相手を祝した画面に、私の心は打たれました。

さらに、女子スケートボードで実力がありながらもメダルに届かなかった日本人選手を肩車した同僚選手の気配りに豪州メディアがいたく感激した有様も、印象に残りました。

スポーツマンシップは日豪を繋《つな》ぐ強い絆《きずな》であると再認識しました。

日本を売り込む格好の機会

ここまで言うと、テレビやストリーミングばかり見ていたのかと叱られそうです。在外の外交官としては、東京五輪は日本を売り込む絶好の機会でもありました。

サイクリングの背景を彩った緑滴《したた》る伊豆の山々、江ノ島でのセーリングの帆の彼方に浮き上がった霊峰富士、大都会東京でのトライアスロンを可能にしたお台場、炎暑に苦闘するマラソンランナーを歓迎した札幌の街並みと鏡のような路面、などなど。なかなか普段はお目にかかれない映像が豪州人のリビングルームに流れ続けたことの重みを大事にしたいと思います。コロナ禍が落ち着いた暁には、多くの豪州人（日本観光中の消費額は世界一！）が再び日本を訪れることを強く期待しています。

「おもてなし」

思えば、日本ならではの「おもてなし」を売り込んで誘致した東京五輪でした。残念ながらコロナ禍で原則無観客、かつ、アスリートと日本の人々との接触や交流が極度に制限されてしまいました。

そのような厳しい状況下でも五輪を粘り強く開催した関係者の尽力に対し、心より敬意と感謝を表したいと思います。そうした気持ちを込めて、豪州オリンピック委員会関係者や選手団が帰豪した折には、キャンベラの大使公邸で小形公邸料理人による丹精込めた和食を差し上げて労をねぎらい、できなかった「おもてなし」の一端を味わっていただきたいと念じています。

二〇三二年ブリスベンへ向けて

東京五輪開催直前、二〇三二年五輪の豪州ブリスベン開催が決定されました。東京での経験を共有し、ブリスベンの成功につなげる。日豪協力の新たな一分野となりそうです。

12 ロックダウン

恐れていたことが起きました。メルボルン、シドニー、ブリスベンといった主要都市に続いて、首都キャンベラがロックダウンに入ってしまったのです。

運の尽き

考えてみれば、昨年（二〇二〇年）末の着任以来、私は幸せ者でした。豪州各地で感染者が発覚し多くの州や主要都市が次々とロックダウンになってきたにも拘わらず、妨げられることなく予定どおり出張を重ねることができていたからです。

着任から半年で豪州全州を訪問できたことは、多くの人から「奇跡的」と称されました。その運も、ついに尽きてきた模様です。七月に予定していたシドニー出張がシドニー一帯のロックダウンのためにキャンセル。同様の事情により、八月は木曜島、ケアンズ、メルボルンへの出張がキャンセル。コロナ禍での外交の難しさを痛感しています。

「キャンベラよ、お前もか?!」

そこで当面は地方出張をあきらめ、キャンベラ市内での活動に専念していました。ところが、急遽八月十二日になってキャンベラ市内でもついに感染者一名が発覚。同日夕方五時から一週間（その後、十六日に新たに感染者が十九名確認されたことから、九月二日まで合計三週間に延長）のロックダウンに突入することになったのです。

赴任以来、多くの主要都市がロックダウンになる中、首都キャンベラは無事でした。人口密度が低い小都市で、人流が少なかったことも幸いしたのでしょう。ところが……キャンベラでも発生したとなると、事態は益々深刻です。

ロックダウンとは?

キャンベラが所在する豪州首都特別地域（ACT）で行われているロックダウンの下では、原則として住民は自宅待機となり、例外的に外出が認められるのは以下の場合のみ。外出の際はマスク必須となります。

- 食料品、医薬品など不可欠な物の買物

静まり返ったキャンベラ中心部

・コロナ検査、ワクチン接種を含む医療行為
・一日あたり一時間以内の屋外での運動
・不可欠な介護の提供
・リモートワークではできない、不可欠な仕事又は勉学
スーパーや病院は開いていますが、レストランは閉まり、テイクアウトしかできません。

厳しい取り締まり

これだけでも、緊急事態宣言下でも渋谷ハチ公前交差点がごった返している日本と比べて厳しいことはお分かりいただけるでしょう。さらに厳しいのが、実際の取り締まり。規制遵守を確保するために警察官が多数動員され、街を巡回しています。違反者には多額の罰金が科せられます。

豪州のマスコミ報道を見ていても、「首相経験者が屋外運動中に誰何《すいか》された」「政治家がマスクをしていなかったために罰金を払わされた」といった記事が散見されます。

また、僅か一件の発生であっても、当該感染者が赴いた感染の恐れがある場所がすべてマスコミで報じられ、これらの場所に特定の時間帯に行ったことのある市民全員が検査を受けることが求められます。モグラ叩きのように、実に徹底した追跡調査と根絶の努力が払われるのです。

大使館はどうなるの？

こういう質問を持たれる方も多いでしょう。大丈夫、閉めません。というのも、前記の「不可欠な（essential）仕事」に当たるとされて、大使館員の登庁は例外的に認められているからです。特に、パスポートの発給・更新業務や出生届の受付などの領事業務は、在留邦人の方々の便宜のためにも、切れ目なく行う必要があります。

ただし、大使館としても、ACT域内での危機意識の高まりをきちんと踏まえた協力をする必要があります。そこで、館員を二チームに分け、隔日で出勤（出勤者以外は、テレワーク）することにしています。

コロナ対策を施した在豪日本大使館の領事部の入口

早期収拾への祈り

いずれにせよ、一刻も早く事態が収拾し、外交活動を通常に再開できるようになることを強く期待しています。

幸いにも、早期収拾の頼みの綱となるコロナワクチンの接種展開は、日を追うごとに拡大してきています。ACTでは、接種対象者の三人に一人が二回分をすでに接種、二人に一人は少なくとも一回の接種を終えています（五十歳以上に至っては実に八十五パーセント以上が少なくとも一回接種）。今回のロックダウンを契機にさらなるスピードアップが期待されます。

ロックダウンが解除され、環境が整い次第、大使館主催のイベントも再開していく予定です。その意味でも、着任以来豪州人にプレゼントされてたまっていた書籍に目を走らせ、豪州の歴史や社会への学びを深めながら、祈り続けています。

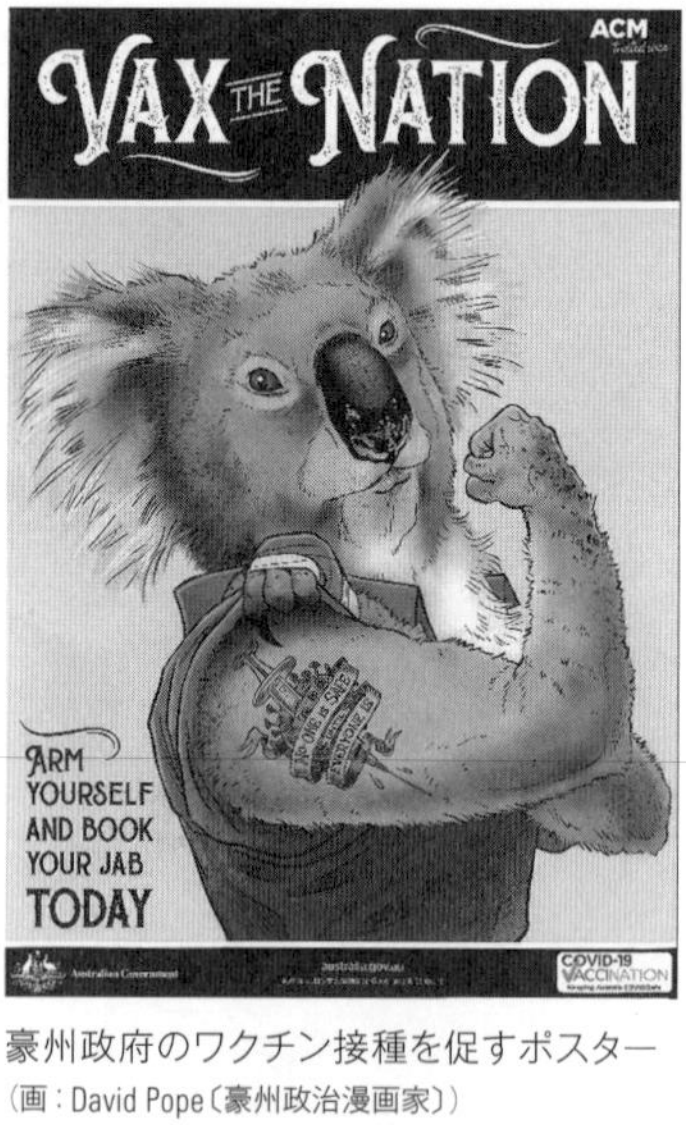

豪州政府のワクチン接種を促すポスター
（画：David Pope〔豪州政治漫画家〕）

13 和食の力

外交官生活を四十年近くやってきて、今更ながら感慨深いのは、世界への和食の浸透ぶりです。今回はそのあたりを振り返ってみましょう。

始まりはニューヨーク

入省して最初の海外赴任（一九八五〜八七）は、コロンビア大学国際関係論大学院への留学（在外研修）でした。マンハッタン暮らしだったので、名だたる高級料亭に始まり、よく通った日本人駐在員相手のラーメン・餃子店まで、実によりどりみどり。

寿司に至っては、極上のトロを揃えた高級寿司店があれば、台湾人、タイ人、中国人の板前がいたり、朝鮮人経営のテイクアウトがあるなど、ニューヨークらしい多様性を象徴していました。

恵まれた食生活で、米国の田舎に留学した同期と比べると、和食を恋しいと思うこともありませんでした。時々給料が貯まると、欧米やアジアの学友を和食店に連れて行き、たらふく接待。ただ、定番は天ぷら、すき焼き、しゃぶしゃぶとカリフォルニアロール。すき焼きの生卵や、しゃぶしゃぶ鍋への箸の入れ方に微妙な反応があったことが、一つのレッスンでした。

ワシントン

研修後の最初の大使館勤務（一九八七〜九〇）はワシントン。仕事で知り合ったマスコミや米政府の人間をひたすら和食に誘いました。ちょうど、ニューヨークの「ヤッピー」の間で寿司がもてはやされるようになってきた時代だったこともあります。

松永信雄大使や村田良平大使の公邸レセプションでも、エビの天ぷらの人気が高かったこと！　それでもまだ半数以上の米国人が生魚を食べることに抵抗があった時代。その結果、米国人をもてなす場が、鉄板焼きレストランとなることがしばしばでした。「ジャパン・イン」「ひさご」「雲海」などは懐かしい名前です。

香港、寿府《ジュネーブ》、倫敦《ロンドン》

その後、一九九〇年代後半から二〇一〇年代前半にかけて、香港、ジュネーブ、ロンドンで勤務しました。香港「なだ万」「見山」「銀座」、ジュネーブ「内野」「嵯峨野」、ロンドン「三越」「SOUSEKI」など、任国の人間や交渉相手を和食になじませるべく何回連れて行ったか、数えきれないほどです。

もともと割高で、プライベートでは行きにくかったのが和食です。こちらの誘いに喜んで応じてくれる人間が明らかに増えてきました。一方で、ロンドンのような国際都市を気取る街であってさえ、三人に一人くらいは「I'm not a big fan of sushi.」など、体よく断られてしまうこともありました。

そして、オーストラリア

そうした経験を経てきているだけに、今のキャンベラは別天地です。

左の資料は、ある日の公邸での会食メニューです。お椀《わん》、和牛ステーキ、握り寿司というラインアップは、まさしく「勝利の方程式」。宴席での会話に神経を集中している私が気づくと、大半の招客が料理を綺麗に平らげて和食談義が始まっていることが往々にしてあります。

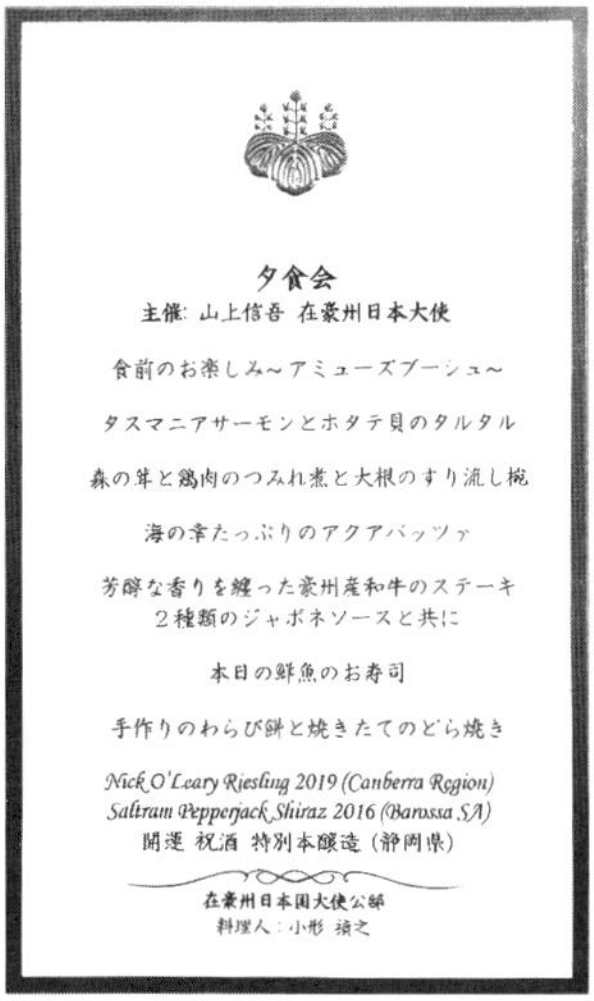
夕食会
主催: 山上信吾 在豪州日本大使

食前のお楽しみ～アミューズブーシュ～

タスマニアサーモンとホタテ貝のタルタル

森の茸と鶏肉のつみれ煮と大根のすり流し椀

海の幸たっぷりのアクアパッツァ

芳醇な香りを纏った豪州産和牛のステーキ
2種類のジャポネソースと共に

本日の鮮魚のお寿司

手作りのわらび餅と焼きたてのどら焼き

Nick O'Leary Riesling 2019 (Canberra Region)
Saltram Pepperjack Shiraz 2016 (Barossa SA)
開運 祝酒 特別本醸造 (静岡県)

在豪州日本国大使公邸
料理人: 小形 禎之

ある日の大使公邸での会食メニュー

こうした公邸設宴を切り盛りする最大の功労者が、小形料理人です。もともとフランス料理のコンクールで入賞してきたようなセンス抜群の才人ですが、出身母体の東急ホテルズの福田総料理長の下で厳しくも温かい特訓を受けてきたせいか、和食への造詣や研究意欲にも特筆すべきものがあります。早くも「キャンベラで最高の和食」との評価を不動のものにしています

（口絵3－3）。

のみならず、評判の地元高級レストランや各国の大使公邸が夕食でも三コースにとどまる中、凝りに凝った五コースはざら。限られた予算と当地で手に入る食材を駆使し、味、見た目、量の三拍子を揃えてです。たびたびジャムやドレッシングなどの「お土産」も用意。その一つ、プラムジャムは絶賛されました。こうした行き届いた「おもてなし」の思いは、招客に十分に届いている模様です。

ちなみに、プラムジャムはご家庭でも簡単に作れるものとして、大使館ホームページ上の動画で作り方を公開しました。その名も「シェフズ・キッチン」。好評を集めています。

さらに高次元へ

確固たるソフトパワーに転化した和食ブーム興隆の中で見逃せない展開があります。昔であれば上級者編と言われてきた料理に、豪州人が舌鼓を打ち始めたことです。キャンベラのラーメン店、シドニーのそば店が良い例でしょう。いずれ屈強なオージーたちが、思い切ってズルズルと

大使公邸で「お土産」として振る舞ったプラムジャム

音を立てて麺を満喫する時代が来るかもしれませんね（笑）。歓迎しましょう。

大使館でも、自衛隊記念日などの大型行事の際には、寿司や天ぷらだけではなく、牛丼、カレー、カツサンド、冷やしうどんなどを振る舞い始めました。見ていると、いずれも飛ぶようになくなっていきます。

一級品の食材をシドニーから直接仕入れることができるようになったことも、強力な援軍です。「食は文化なり」。大使館をあげて、さらに日本を売り込んでいきたいと思います。その際、東日本大震災の被災地の復興が念頭にあることは、言うまでもありません。

14 コロナ禍の外交活動

「ロックダウンに入ったキャンベラで何しているの？」と聞かれました。今回は、そのあたりを説明しましょう。

テレビ会議（ウェビナー）の急増

ロックダウン下では、大使館外の人との面会が原則として認められていません。豪州政府高官や連邦議会議員との間では、往訪した上での面談ができないため、勢いメールのやりとりと電話が増えました。また先日は、豪日経済協力委員会の依頼を受け、日豪双方の財界人など二百名近くの聴衆に対してオンライン（ウェブ上のセミナー、いわゆるウェビナー）で日豪経済関係の現状と展望について講演をしたところです。

今週は、豪州連邦議会の上院外交委員会の招請により、クアッド（日米豪印）に臨む日本の立場について説明を行いました。これもオンラインでした。

「外交は最後の二フィート」

このようにインターネットの目ざましい浸透によって、従来では不可能であったコミュニケーションができているのは確かです。でも、やはり隔靴掻痒《かっかそうよう》の感があります。

当然、メールや電話では、外交上機微な話をするには限度があります。テレビ会議では、ジョークを言ったところで、聴衆の反応が見えません。壁に向かって話している、テニスで言えば壁打ちといった感じでしょうか。無論ないよりはあった方が良いのですが、対面での「実戦」とは違うのです。

かつて駐日大使を務めた米国の外交官が回顧録の中で、「外交は最後の二フィート」と喝破したことがあります。一フィートは肘《ひじ》の長さ。だから二フィートとは、レセプションなどで、人が向き合って話す距離です。要は、面談して初めて相手を説得し、ディールができるという趣旨でした。もっとも、コロナ禍の時代では、二フィートは「ソーシャルディスタンス」に足りないので、アウトかもしれませんね。

テレビ会議で国際会議をやっても、スピーカー以外の人の反応が見えにくいことがほとんどです。ある発言に対して、頷《うなず》いているのか、首を振っているのか、聞いていないふりをしているのか、席をあえて立ったりしていないのか？　外交の世界で大事なボディランゲージが読み取れないのです。

信頼関係の醸成

外務省のある課長の至言があります。

「テレビ会議で信頼関係は作れません」

確かに、初対面の相手と数回テレビ会議をしたくらいで「信頼関係」を打ち立てるのは無理筋でしょう。実際の外交では、面談や会食を経て、漸《ようや》く相手の人となりや置かれた立場について理解を深めるのが常道だからです。

ただし、旧知の間柄では、コロナ禍でも関係を維持する手段として重要でしょう。前述の豪日経済協力委員会のウェビナーでも、グレイ元駐日大使やアンドリュース事務局長（元アイルランド大使）との意見交換に花が咲きました。

来訪客の激減

コロナ禍でのもう一つの特徴は、東京からの来訪客が激減したことです。着任後八カ月になりましたが、いまだに政府出張者も国会議員の来訪も、ゼロです。二週間のホテル隔離を経てまで来訪することとされたのは、東大大学院の高原明生教授と歌手・俳優の西郷輝彦さんと限られています。

在外の外交官といえば、空港への出迎えや見送りは日常茶飯事です。ですので、着任後現在まで、自分の豪州内出張以外で空港に行ったことがないという、極めて変則的な在外生活を送っています。

在外公館の役割

逆説的に聞こえるかもしれませんが、こうした状況であるだけに、コロナ禍にあっては在外公館の役割が増していると受け止めています。すなわち、本来であれば頻繁に行われるべきハイレベルの往来、関係者の出張がままならないがゆえに、相手国に常駐する外交官が目となり、耳となり、口となる機会が相対的に増えているのです。

特に豪州のように、他国に比べて今まではコロナの影響が比較的抑えられており、かつ、日本の外交官によるアクセスが広く認められる国においては、動き回るべき余地は大です。

ホームページやSNSの活用

「とは言っても、キャンベラがロックダウンに入った以上、万事休すじゃない?」との冷めた声が返ってきそうです。いえいえ、まだまだできることはあるのです。

こういう状況だからこそ、大使館ホームページ、さらにはフェイスブックやツイッターといったSNS（ソーシャルネットワーキングサービス）を通じた対外発信・広報が重要になるのです。「南半球便り」更新の頻度も増えています。

実際、ロックダウンでリモートワークが広がり、こうした媒体へのアクセスが着実に増えています。ちなみに、先日ナショナル・プレス・クラブで講演をした後にも、「普段は平日の正午に行われる講演など、勤務時間中で見られない。でも、たまたまテレワーク中なのでテレビを観ていたら、貴官の講演が意外に面白かったので最後まで聞いた」といった感想を手紙で伝えてくれた豪州人の方もいました。

前述のとおり、対面でのやりとりに勝る外交上のコミュニケーション手段はありませんが、与えられた状況と制約の中で、できることはしっかりとやっていこうと思います。

15 「恐怖の鳥」

今日はマグパイの話をしましょう。「恐怖って、糖尿病の危険があるから?」と訝《いぶか》しがる人もいるかもしれません。それは、「マッドパイ」。マグパイは、豪州に多く生息する鳥です（口絵7―1）。

独特の生態系

南半球の豪州に来て強く感じるのは、北半球とは植物も動物も随分と異なることです。特異な動物の例を挙げれば、有名なカンガルー、コアラ。さらにはエミューやウォンバットなどなど。

鳥も同じです。シロオウムのコカトゥー（Cockatoo＝キバタン）は、鳴き声が驚くほどうるさいので、今は亡き英国エジンバラ卿が豪州を訪問した際に、「やかましい奴ら」（noisy buggers）とたしなめた由。我が家では「ギャオス鳥」と呼ばれています。

一方、マグパイはカササギフエガラス。黒い胴体に白い線が美しく走り、嘴《くちばし》がレターオープナーのように鋭く尖っている鳥です。鳴き声も独特です。

「シークレット・シティ」というキャンベラを舞台にしたスパイもののテレビドラマの傑作があります。その中で、中国の官憲に拘束されて中国にいると信じ込んでいた豪州人女性活動家が目隠しをされて外出するシーンがあります。その際、鳥（マグパイ）の鳴き声を聞いて「実は豪州にいるのだ」と悟ったという展開でした。それほど、独特で豪州人には懐かしい声で啼《な》くのです。

悲惨な事故

悲劇が起きました。八月のことです。赤ん坊を連れて散歩していた母親がマグパイに襲われ、転倒。その際の打ち所が悪くて赤ちゃんが亡くなってしまったのです。

特に怖いのは春（南半球なので、九〜十一月くらい）の繁殖期。防巣本能が強く働くあまり、木の近くを通る歩行者やサイクリストを襲うのです。

週末にはキャンベラの湖岸をｅバイクで走る私に対しても、マグパイがスクランブルをかけてくることがあります。そのため、サイクリストは襲われても大丈夫なように、サングラスをかけ、隙間を塞《ふさ》いだヘルメットを着用することが必須なのです。そうしないと鋭い嘴で突かれて大怪我をしてしまうからです。

知恵者

加えて、実に賢い鳥でもあります。自分に敵対した人間は覚えていて、襲ってくるとの説も。

餌《えさ》をねだる時の執拗さも、相当なものです。大使公邸にも住み着いていて、毎朝キッチンの窓枠に張り付いて、物欲しそうな視線を投げかけてきます。長年勤務している現地職員によれば、どうやら私の前任者の一人が餌をあげていたために、期待値が高まってしまった由。「引継書」には触れられていなかった盲点です。

「お前も餌をあげているのか?」ですか。いえいえ。どんなに潤《うる》んだ目で見つめられても、私は決して折れません。気前の良い親父だと思われて次から次に集まってきたら収拾がつかないですから。ヒッチコックの映画「鳥」は、忘れられません。

ペンギン・ブルーム

豪州には、こうしたマグパイを描いた名画があります。その名も、「ペンギン・ブルーム」(邦題:ペンギンが教えてくれたこと)。ブルーム家にいつくようになったマグパイがその色から「ペンギン」という愛称で呼ばれ、家族の一員のように親しまれるというストーリー。日本でも人気の女優ナオミ・ワッツ主演です。

ジーンとくる家族愛の物語ですが、これを観ても、マグパイへの私の恐怖は消えませんでした。そこで、ナショナル・プレス・クラブでの講演でも言及しました。

豪州の国章。カンガルーとエミューは前にしか進めない動物であることから、国として前進していこうという意味が込められている（画像：豪州首相府）

国の護り

外交・軍事の世界では、時としてそれぞれの国に独特の縁の深い動物によってイメージが作られることがあります。獅子、熊、象、虎、竜など、どの国のことかピンと来る方が多いでしょう。

豪州の国の紋章にはカンガルーとエミューが描かれています。カンガルーはつぶらな瞳といい、実に愛嬌《あいきょう》のある動物ですが、あの前足でボクシングをしたり胸板を叩いたりという「尚武」の気風もあります。

陸はカンガルーとエミューだとして、その延長で言えば、海の護りはシャーク、空の護りはマグパイということでしょうか。実に手強い国です。

16 双方向の観光へ

今まで豪州にいらしたことはありますか？ 日本から観光や出張で来豪された経験を有する方は、実に多数に上るでしょう。近年、豪州から日本に向かう、いわゆる「インバウンド」の観光も注目を集めています。

そこで今回は、日豪関係を支える人的交流の重要な柱である観光を論じてみたいと思います（口絵7－2）。

世界トップの消費額

豪州に赴任するまで私が知らなかったことは沢山あります。その一つは、日本に来訪する外国人観光客のうち、一人当たりの消費額が一番多いのが豪州人という統計です（本書31頁・図表参照）。

カンガルー島（南豪州）

滞在日数を見ても、十三日近くであり、最も長い国民の一つになっています。

要は、日本に長く滞在してお金を落としていく上客なのです。

来訪先

さて、彼らはどこに行くのでしょうか？

東京、京都、大阪といった定番メニューはもちろん多いのですが、豪州人で目立つのがスキー客です。北海道のニセコ、長野の白馬や野沢温泉が典型です。豪州には標高の高い雪山やスキー場が少ないこともあり、時差のほとんどない日本でのパウダースノーに多くのオージースキーヤーが魅了されています。また、日本と豪州は季節が逆なので、豪州人が夏休みの長期休暇中に冬の日本でスキーを楽しむことができるのも大きなポイントとなっています。

そこで、豪州赴任前に白馬に足を運び、実態を視察してきました。大学の同級生の阿部守一《しゅいち》長野県知事から、「白馬に来る外国人スキーヤーのトップは、ダントツで豪州人。もっと連れてきて欲しい」との話を聞いていたからでもあります。

行ってみたら、納得。雄大で峻険な白馬三山のあっぱれな立ち姿！　その懐の牧歌的な高原で豪州人家族がサイクリングを楽しむ姿、オージースキーヤーにアピールするデザインのホテル・ロッジ、「ＷＡＧＹＵ」の看板が躍るレストランなど、白馬ならではの特色が見て取れました。

来客の幅とリゾートの質

この光景を見て、かつて沖縄の離島の首長からうかがった話を思い出しました。近隣の国を念頭に置きつつ、「（当該国からの観光客が増えると）本土からの観光客が敬遠して来なくなる」「だからこそ、来訪する外国人観光客を多様化する必要がある」との含蓄ある経験談でした。

学生時代以来、長野や新潟の色々なスキー場で雪にまみれた私の経験からしても、白馬の「国際的アピール度」は群を抜いているように見受けられました。相次ぐ豪州人の来訪、豪州からの投資によるインフラの整備がリゾートとしての格を高めたと言って、過言でないでしょう。

ゴールドコーストの経験

実は、人と資本の流れがもたらすこのような効用は、日本側の観光地に限られた話ではありません。クイーンズランド州のゴールドコーストに行った時のこと。

日本人会や日本商工会議所の方々と懇談した際、「ゴールドコーストのリゾートマンション、ゴルフ場、マリーナは、日本からの投資でできた」との話をうかがいました。

まさに、双方向の観光が、日豪の人的つながりを強め、経済的効果をもたらし、ひいては両国間の関係を強化してきたと言われる所以《ゆえん》です。

ゴールドコーストの高層ビルと海岸、マリーナ

コロナ禍後の世界を見据えて

であるだけに、コロナ禍で観光客が激減してしまった状況は残念で仕方ありません。ゴールドコーストやケアンズの商工会や日本人会からは、日本からの観光客が来られない状況下で経済的損失が甚大、ビジネス存続の危機に瀕している窮状を打開するために一刻も早く人の往来を認めて欲しいとの強い要望が寄せられています。

豪州政府としても、ニュージーランドやシンガポールに続く旅行制限解除の対象国として、日本がしばしば言及されている状態です。

デルタ株の猛威が日本のみならず、今までコロナ対策が比較的成功してきた豪州をも襲っている状況があります。日豪双方で互いにワクチン接種を鋭意進め、コロナとの「共存」を実態として確保し、人的交流を再開していくことが強く期待されます。

私としても、より多くの日本人が来豪し、豪州人が訪日する日を心待ちにしています。

17 スポーツ大国

豪州に住んでみて、来る前から抱いていた印象と変わらなかったことが一つあります。それは、豪州が名うてのスポーツ大国ということ。今回はその点を論じてみたいと思います。

東京二〇二〇オリンピック・パラリンピックでの活躍

東京でのオージーアスリートの活躍ぶりについては、ここで説明するまでもないでしょう。先述のとおりです。個人競技と団体競技の双方において赫々《かっかく》たる成果を残したことは世界が知るところです。

個々のオージーアスリートの身体能力の高さもさることながら、私は、スポーツ大国を可能ならしめている独特のメンタル、整備された環境、周囲の応援・支援、といった点に注目しています。

メンタル

印象的なシーンがいくつもあった東京二〇二〇の中で、特に忘れられないものがいくつかありました。

陸上男子十種競技。千五百メートル走の際、メダルの可能性が残っている豪州の若手選手に対して、同じ競技に出場していた先輩選手が、自分の成績は度外視して並走、叱咤激励し、この競技で豪州初のメダル獲得につながったシーン。

女子サーフィン。メダルが有望視されていた豪州選手が日本人選手に敗れてメダルの希望が潰えた途端、波の上で祝福の手を差し出したシーン。

女子スケートボード。劣勢を挽回し金メダルを取るべく大技にチャレンジして失敗した日本人選手の心意気を称《たた》え、豪州選手らが仲間と肩車して担ぎ上げたシーン。

これらは、「スポーツマンシップ」のひと言で括《くく》られることが多いでしょう。同時に、その根底にある彼らのメンタルの強さとしなやかさ、ライバルへの敬意とさりげない配慮に強く感じ入りました。自らの得意の時には競争相手の心情に思いをいたし、失意の時には勝者を讃《たた》え、我執を捨てる。そこにこそ、スポーツが育む人間の価値があるように思います。

環境

東京にある国立スポーツ科学センターが、もともと豪州の強化施設を参考にして作られたことは、意外と知られていません。スポーツ先進国であることの最たる象徴でしょう。

日常生活のレベルでも、そこここにスポーツを楽しめる環境があります。キャンベラの遊歩道・

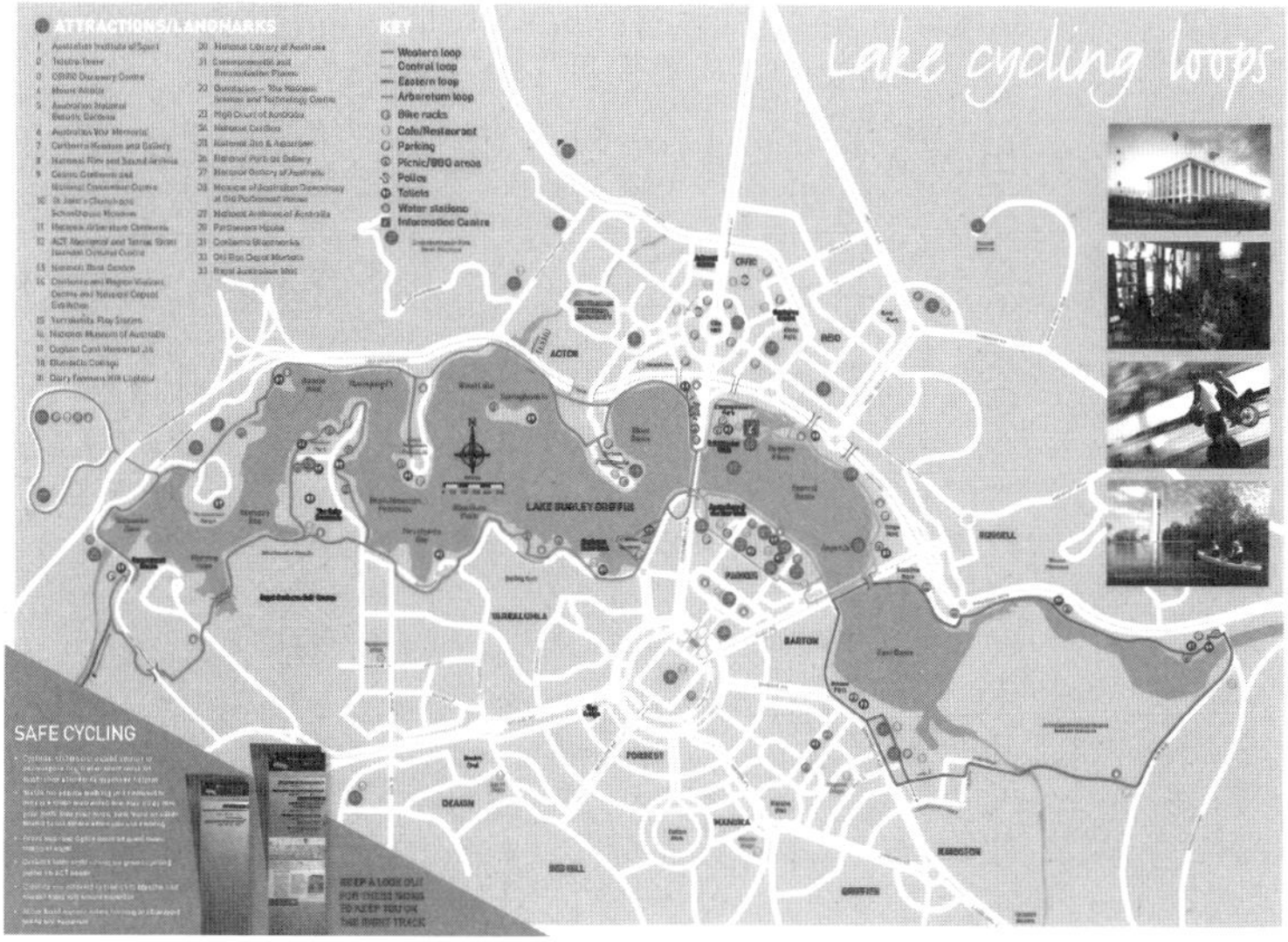

バーリーグリフィン湖のサイクリングマップ（地図：キャンベラ・アンド・リージョン・ビジター・センター）

筆者のeバイク

至る所にある自転車の修理設備

サイクリング道は、その典型。町の中心にあるバーリーグリフィン湖の周囲約三十キロメートルにもわたって、遊歩・サイクリング用の舗装道が整備されています（口絵7－3・4）。

多摩川河岸でのサイクリングを楽しんでいた私から見ても、その遥かに恵まれたサイクリング環境は垂涎《すいぜん》の的です。実は、キャンベラ駐在の各国大使の間では、「バイカーズ」というサイクリングクラブがあり、週末の朝に「つるんで」走っています。主に欧州、南米の大使が多い中、アジアからは日本、インドが常連です。

上り坂で息が上がりスピードが落ちる同僚大使連を横目に、涼しい顔でeバイクを滑らす私。技術立国日本の代表として無上の愉悦（笑）を見いだしています。リチウム電池の力に頼るとは、真のスポーツマンとは言えませんが……。

周囲の応援・支援

凄く嬉しかったことがあります。東京五輪の開催を祝して、何人もの豪州の方から、祝福・感謝の手紙、メール、さらには花束までもが大使館に届けられたのです。この有様を見ていて、心温まる対日配慮もさることながら、オージーがスポーツに寄せる思いの強さと愛着の深さがひしひしと伝わってきました。

報道によれば、何人ものアスリートが西オーストラリア州の鉄鉱石王といわれる億万長者の財政支援を受けてきている由。

こうした点を見ていても、声援を送り、支援を差し伸べる厚い層が社会に根付いてこそ、スポーツ大国たり得るのだと実感した次第です。

いざ、外へ！

ほぼ毎日のように青く高い空が広がる豪州では、自ずと体を動かしたくなるものです。コロナ禍が終わってキャンベラにお越しの際は、ツーリングはいかがでしょうか？（口絵7―5）煌めく陽光と駆け抜ける涼風。輝く湖面と遠く霞む山並み。人生観が変わるような爽快な開放感に包まれるのは、私だけではないでしょう。

18 キャンベラの春

九月、ついにキャンベラに春が来ました。「何もない春♪」ではありません。日本の方と赤道を越えて春の歓びを分かち合いたくなります（口絵8－1・2）。

永すぎた冬と春の訪れ

「キャンベラの冬は永いですよ」

今は退官してサンシャインステートと呼ばれるクイーンズランド州の温暖な気候を満喫している豪州の外交官から言われました。

確かに、四月末のANZAC《アンザック》（Australian and New Zealand Army Corps）デイあたりから暖房を入れ始め、今もつけ続けているくらいです。したがって、東京でクールビズが続いている期間は、キャンベラではヒーターを入れっ放しという案配です。

そして、豪州での初めての冬を経験しました。ただ、真冬とは言っても、日中の最高気温が十度を上回る日がほとんどなので、北米や欧州のように寒波に震え続けることはありません。また、燦々と陽光が降り注ぐ日が多いので、欧州のいくつかの場所と違って、陰鬱な暗い世界に閉じ込められることもありません。

とは言っても、やはり、近づく春は、華やぎと高揚感をもたらしてくれるものです。まずは、梅。大使公邸の庭に立つと、東風《こち》なくしても、ほのかな香りに包まれました。かつて二年間を過ごした水戸の偕楽園を思い出しました。

開け、万朶《ばんだ》の桜

先々週は、最高気温が二十度を上回る日が数日続きました。そうなると、次は桜です。公邸の庭はもちろんのこと、町の中央に位置する湖沿いにも立派な桜並木がそこここにあり、満開の時期を心待ちにしています。

やがて、緑豊かなキャンベラの街並みに、白やピンク、桜や梨、プラムのカノピーがアクセントを付けることになるでしょう。湖沿いには、大平総理大臣が豪州を訪問された際に寄贈、植樹された桜が植わっています。まさに桜は、日本食と並ぶ貴重なソフトパワーの源だと改めて認識しています。

つらーい春

花粉症を抱えた方にはつらい時期ですよね。もともと私は何ともなかったのですが、東京にいた数年前からどうやら限界に近づいてきたようで、くしゃみや目の充血に見舞われるようになりました。

南半球で生態系が変わったので、どうかなと思っていたのですが、あるある。憎きヒノキ花粉も飛んでいます。聞くところによるとオージーでも悩まされている方が少なくないようで、ドラッグストアに行くと強力な薬が揃っています（口絵8－3）。

散りゆく前に

実は、着任以来、私の顔を見るたびに、「お花見をしましょう」と働きかけてくる豪州人女性がいます。日本在住が長かった方で、散りゆく花を愛《め》でる感性と、仲間で花見を楽しむスタイルに強く惹かれている模様です（口絵8－4・5）。

そこで、今月下旬には大使公邸の庭を開放して、お花見レセプションをすることとしていましたが、ロックダウンが十月十五日まで延長されたため、今年の花見は難し

春めいてきたキャンベラ

くなりました。

「ウィズコロナ」

豪州社会もコロナとの共存に舵を切り始めた今、新たなライフスタイルを一日も早くスタートできることを期待しています。

大平正芳総理大臣が桜の木々を寄贈した際の記念石碑

19 AUKUS

九月十六日はオーストラリアにとって歴史的な日になりました。豪州、英国、米国の三国による新たな安全保障パートナーシップ（AUKUS）の創設が発表され、その第一弾として豪州が英、米両国の協力を得つつ、原子力推進型潜水艦の導入を進めることとなったからです。

キャンベラを震撼させた夜

九月十五日、キャンベラでは、翌十六日に行われることとなっていたモリソン首相による重大発表に関し、その内容が事前に一切明らかにされなかったため、憶測が横行しました。記者の間では、「ダーウィン港の中国系企業へのリース契約が見直されるのではないか？」とか、「難航してきた新型潜水艦の仏企業との契約が破棄されるのではないか？」とか、種々の観測が飛び交いました。

しかるに、十五日深夜になって、仏企業との契約が破棄されるだけでなく、通常型ではなく原子力推進型の導入に舵を切るとの大胆な転換が行われると報じられ、豪州政府、マスコミ、外交団は一様に驚きに包まれました。

完璧な情報管理

元政府高官が「キャンベラでは大きな政策イニシアティブは大抵途中でプレスにリークされる。ここまで見事な情報管理は珍しい」と称するほど、今回の方針転換については、水も漏らさぬ統制が敷かれ、ごく一部の政府関係者だけで物事が進められてきました。

当地報道などによれば、過去一年余りにわたって検討・協議が極秘裡に進められてきたとのことであり、十分な準備を経ての方針転換・発表であったわけです。

「米英豪」でなく、「豪英米」

日本国内では、この新たなパートナーシップを称して、「米英豪」と呼称する向きがありますが、「豪英米」と称すべきものです。そもそも、原語の英語ではオーカス（AUKUS）。Australia, United Kingdom, United Statesの頭文字を並べたもので、豪、英、米の順番になっています。

また、これは単に語呂が良いだけではなく、実態を表しています。すなわち、現下の焦点は、豪州による新型潜水艦の開発であり、豪州の呼びかけで英、米の技術協力を得て原子力推進型潜水艦を導入することとなったからです。

従来からあった考え

豪州による新型潜水艦の開発に当たっては、二〇一六年に日本やドイツのオファーを抑えてフランスが契約を取った経緯があります。その際にも、「本来望ましいのは、原子力推進型潜水艦」という声が豪州政府関係者からは時折聞かれました。というのも、巨大な大陸島国として広範な海域をカバーしなければならない豪州海軍にとって、スピード、パワー、海中での持続性に優る原子力推進型が機能面では望ましかったからです。

制約と変化

他方、豪州では、原発が導入されていないことからうかがえるとおり、国内の一部に原子力に対する強い忌避感があります。また、原子力推進型の導入のためには、コストがかさみます。さらには、そもそも技術を有する国からの技術移転への同意と支援が必要です。こうした制約から、次善の策である通常動力型の導入に落ち着いた経緯があります。

しかしながら、その後の仏との契約の履行が困難に逢着。予算が当初見込みを大幅に上回り、納期も大幅に遅れ、豪州が重視していた南オーストラリア州アデレードでの製造もはかばかしく進んでいませんでした。そうした中で、契約の見直しを求める声が高まってきていました。

加えて、インド太平洋での戦略環境が年々厳しさを増すにつれ、防衛能力を向上させるとの観点からの検討も行われてきた模様です。

日本にとっての意味合い

このような形で豪州、英国、米国の間の安全保障・防衛協力が強化されることは、インド太平洋地域の抑止力を向上させるものであり、同地域の平和と安定にとっても重要です。日本としては、従来から豪州とは南シナ海、東シナ海、さらには日本海でも協力を重ねてきています。豪州海軍の能力向上は日本の海上自衛隊との協力の範囲をさらに拡げるものとして歓迎されます。

また、豪州は既にＧＤＰの二パーセントを国防に費やしている上、原子力推進型潜水艦の導入は、さらなる予算措置をも必要とするものです。インド太平洋の戦略環境の悪化に対応するための防衛力強化の姿勢と努力は、我が国にとっても大いに参考となるものと考えます。

海上自衛隊演習に参加する豪州海軍フリゲート艦「パラマッタ」、2019年（写真：海上自衛隊ホームページ https://www.mod.go.jp/msdf/operation/training/01g/#the%20MSDF%20exercise-8）

20　「恐怖の鳥」後日談

「恐怖の鳥」ことマグパイを取り上げた南半球便り（本書87頁）に対して大きな反響があったので、その後日談を紹介し、マグパイ談義を深めることとしました。

日豪にまたがる反響

実は、この南半球便りは、私がまずは日本語で執筆し、その後、大使館の優秀なスタッフ（JETプログラムOB、OG）が英訳してくれています。そして、日豪双方、さらには第三国の方々に提供しています。

興味深かったのは、「恐怖の鳥」に対しては、国境を越えて多くの読者から様々な反応が寄せられたことです。日本では、直後にTBSテレビがシドニー通信員の飯島浩樹記者の

飛び立つ前のマグパイ

味わい深いレポートで「恐怖の鳥」を取り上げてくれました。ユーチューブの動画で四十万回強（二〇二一年九月二十七日現在）も再生されるほど、注目を呼びました。

豪州では、オーストラリアン紙の人気コラム「Strewth!」で本記事が紹介されるとともに、多数の読者から心のこもった反応を直接いただきました。私自身マグパイについて大いに学ぶことができ、改めて御礼申し上げます。

限りない愛着

警戒されつつも愛される「恐怖の鳥」

豪州人の反応で印象的だったのは、総じて言えば、人を襲う習癖があるので警戒する必要はあるとしつつも、愛すべき鳥との反応が大半であったことです。可愛いペットだと言い切る人もいました。確かに、ガラガラ蛇やイグアナを飼うよりは身近でしょうね。

面白いことに、餌をやるべきか否かという点に関しては、豪州世論は真二つに割れていました（笑）。豪州外務貿易省（DFAT）の知人は、自宅の庭で餌付けをしている画像を送ってくれました。

他方、私の拙文を読んで、「自分も絶対に餌はやらない」と賛同する人もいました。

現実的対応を迫られる日本外交官

そんな中で、注目を引いたのは、「マグパイは餌をくれた人の顔は覚えていて、襲わない」という、餌をやる人のアドバイスでした。一度ならず湖畔でスクランブルを受け、肝を冷やした私にとっては、魅力ある展望です。ただし、「筋を曲げない」ことを外交官人生のモットーにしてきた私には、自ら餌を振る舞うことは全面譲歩になるので、強い抵抗を覚えました。

そこで、妥協。今までは、毎朝、潤んだ瞳で餌を乞うマグパイを尻目にヤクルト（豪州現地生産！）を飲み干していたのですが、そうした挑発行為は控え、餌をやる宥和《ゆうわ》派の家人の背後に黙って立ち、恩を売ることとしました。その成果か、少なくとも公邸敷地内では襲われることなく、平和な春を過ごしています。

事件発生

出勤途中のことでした。この時期になると、鴨が雛《ひな》を連れて行進する光景を見かけます。その鴨の家族をマグパイが庭の一角から追い払っている姿を見たのです。「領域侵犯」に対する対抗措置なのか、鴨がまき散らす「落とし物」による環境破壊への抗議であったのか、原因は分かりません。しかし、その剣幕には驚きました。

それから数日後。庭の片隅にマグパイが不自然に横たわっている姿を見つけました。近づいて覗き込むと、すでに息絶えていました。マグパイ同士の仁義なき抗争の結果なのか、他の鳥の襲撃によるのか？　鳥の世界には人間があずかり知らない秩序があるのだろうと思いつつ、生き抜くことの厳しさと自らを守る力の大切さに思いを致しました。

マグパイはいなくとも

ここまで書くと、「マグパイの話だから自分たちには関係ない」と日本におられる方は思うかもしれません。そんなことはないのです。

「恐怖の鳥」を読んだ英国の元情報機関高官が、「東京にも恐怖の鳥がいる」と教えてくれました。この貴重なインテリジェンスによれば、半蔵門の英国大使館前を通る通行人やサイクリストがたびたびカラスに襲われる由。そういえば、外務省のインテリジェンス部門の私の後輩も襲われて自転車から転倒し大怪我をしたことを思い出しました。

もっとも、当該高官によれば、このカラスは、「ＭＩ６の手下ではない」とのこと。確かに、ジェームズ・ボンドはバットマンではなく、鳥まで手なずけているわけではないようです（笑）。

忘れちゃ困るとコカトゥー

マグパイに加えて、豪州に来てから気になって仕方がない鳥がコカトゥーです。その純白は真白き富士の気高さを想起させ、その黄色い鶏冠は「他の鳥とはリーグが違うから」と言わんばかりのプライドを醸《かも》し出しています。

ヘンデルの「メサイア」の中で、「King of King」「Lord of Lord」に加えて「Bird of Bird」と合唱するとすれば、私の頭の中にはこの鳥の姿が浮かぶことでしょう。

あまりに鳴き声がけたたましく、静かにしてくれていれば、もっと風格が増すのですが……。でも、ついに大枚をはたいて置物を買ってしまいました（笑）。

カンガルーやコアラの他にも魅力が尽きないオーストラリアなのです。

我が家のコカトゥーの置物

21 オーストラリア英語

十月になりました。豪州に着任して九カ月が過ぎ、日本にいた時に抱いていたイメージがいかにいい加減であったか悟ることがあります。そのひとつが、オーストラリア英語です。

訛《なま》りなし!

日本では豪州に行くというと、「英語、訛っているんでしょ」と物知り顔で言う御仁が後を絶ちません。語学が武器のはずの外務省員でもそうです。これまでの私の経験では、打破すべき偏見のように思えます。

私のヒアリング能力の限界によるところもあるでしょう。しかしながら、キャンベラで仕事をし、また各州を回ってみて、「訛っているな」と感じたことはほとんどありません。むしろ、その昔、留学中のニューヨークでFワードをふんだんにまぶした機関銃のような早口にさらされたことや、ロンドン在勤中に下町訛り(コクニー)やスコットランド訛りの洗礼を受け、聞き取れた単語は「bloody」だけだったことなどを思い返せば、日本人にとっては遥かに分かりやすい英語を話してくれるのがオージーです。

偏見の源

「訛り」の印象は、映画「クロコダイル・ダンディー」の影響が大きいのではないでしょうか。豪州では挨拶が「ハロー」「ハイ」ではなくて「グッドダイ」（Good day）などという、俗耳に入りやすいガイドブックの記述も、淵源の一つはこの映画であるように思われます。でも、当地で散歩やサイクリングをしていて、すれ違う人から「グッドデイ」と言われたことはあっても、「グッドダイ」はまずありません。

そう言えば、十代の頃、英語を学ぶ関心のきっかけは、オリビア・ニュートン・ジョンの明るく透《す》き通った歌声でした。彼女の「カントリー・ロード」（故郷へ帰りたい）の方がジョン・デンバーの唄うそれよりも聞き取りやすかったことを覚えています。

味わい深い表現

生活をしていると、豪州ならではの面白い表現を学ぶことがあります。

私が気に入っているのは、「Teaching Grandma to suck eggs.」（釈迦に説法）です。クイーンズランドで聞いた「Let's sink a tinny of Gold.」（「ゴールドビール」［同地のビールの銘柄］を飲み干そう）というのも、なかなか洒落《しゃれ》た表現でした。

■ 2022年世界の大学ランキング

（出典：「タイムズ・ハイヤー・エデュケーション」誌
The Times Higher Education World University Rankings 2022）

順位	大学名	順位	大学名
1	オックスフォード大学	33	メルボルン大学
2	カルフォルニア工科大学	35	東京大学
2	ハーバード大学	54	豪州国立大学
4	スタンフォード大学	54	クイーンズランド大学
5	ケンブリッジ大学	57	モナッシュ大学
5	マサチューセッツ工科大学	58	シドニー大学
		61	京都大学

いらっしゃい、豪州の大学へ

だから、心配いりません。日本の若者は豪州で正統派の綺麗な英語を身につけることができるのです。留学先として、豪州国立大学（ANU）、シドニー大学、メルボルン大学など、名だたる名門校が揃っているのも魅力でしょう。

この関連で、要注意は、英米の格付け会社が発表する大学ランキング。それらの評価基準では、大抵、オックスブリッジやアイビーリーグの大学が高く評価されていて、日本や豪州の大学が存外に低い評価を受けてきています。

東大とコロンビア、スタンフォード、ワシントン州立大学で勉強し、東大公共政策大学院や中央大学法学部などで教鞭を執ってきた私の経験からしても、豪州のいくつかの大学は自信を持ってお薦めできます。

育てたい「豪語」

日本の外務省では、アメリカで英語を研修した人間を「米語」組、英国で研修した人間を「英語」組と称しています。従来から英語を習得する場合、大抵は米国か英国の大学院や大学に留学し、豪州やカナダやニュージーランドに留学する例は極めて限られてきました。

しかしながら、日豪関係がめざましい勢いで進展し、また、インド太平洋地域の主要メンバーたる豪州の大学にはアジア各国からの留学生も多数来ていることを踏まえれば、豪州のしっかりした大学で研修する人を増やすことが必要かつ適切と考えます。時宜に適《かな》っているとも言えましょう。

豪州で英語を学ぶことは、語学の習得にとどまらず、豪州の人、社会、歴史、文化、そして日本との関係を学び考察することに繋がるからです。

「私の英語は豪州仕込み」と豪語する「豪語」組（笑）の誕生を待望しています。

22 オリビア・ニュートン・ジョン叙勲

何とも嬉しい知らせが届きました。あのオリビアが天皇陛下の勲章を授与されることになったのです。朗報を噛みしめるにつれ、エンジェルのような透き通った明るい声で歌ったオリビアの数々のヒット曲が私の中で蘇《よみがえ》ってきました。

「レット・ミー・ビー・ゼア」

一九七四年でした。桐朋中学で英語を習いたての私の耳に、いかにも陽気なカントリーミュージック調のヒット曲が飛び込んできました。「レット・ミー・ビー・ゼア」（Let Me Be There）の軽快なリズムに乗って、愛くるしい表情のオリビアに、実に分かりやすい英語で歌いかけられると、ついつい頬を緩めて「Of course」などと口ずさんでしまった（笑）、あの頃。英語の勉強に身が入るようになりました！

「そよ風の誘惑」

誰もが目の前の中間・期末試験や部活に追われ、生き急いでいた中学・高校時代。この多感な時期の私を癒やしてくれた名曲が「そよ風の誘惑」（Have You Never Been Mellow）でした。辞書を引いてMellowの意味を知ったのが、昨日のことのようです。日本でもCMソングに使われ、そのメロディーは誰もが一度は耳にすることになりました。

心に残る珠玉の名曲は、これらにとどまりませんでした。何もかも上手《うま》くいかないように思えた日々に何度も聴き込んだ「たそがれの恋」（Don't Stop Believin'）、オリコン洋楽チャートで十五週連続一位を記録した「カントリー・ロード」（Take Me Home, Country Roads）、無垢だけど痛々しいほどの一途な告白の唄「愛の告白」（I Honestly Love You）、相方のジョン・トラボルタが羨ましくて仕方なかった恋唄「愛すれど悲し」（Hopelessly Devoted To You）などなど。ガラッと曲調の転換を図った「フィジカル」（Physical）も懐かしいですね。

豪州を代表する世界的な大スター

オリビアは一九四八年に英国ケンブリッジに生まれ、五歳の時に豪州メルボルンに移住しました。一九七〇～八〇年代を中心に、数々の楽曲を発表、映画にも出演。CD・レコードの総売上は一億枚以上とされ、グラミー賞をなんと四度も受賞。二〇〇〇年のシドニー・オリンピック開会式で歌唱。まさに豪州を代表する世界的な大スターです。

日本との関わり

そうした中、日本との関わりにも、実に深いものがあるのです。前記の数々の名曲が日本でも大ヒットしただけでなく、日本のポップス界に多大な影響を与え、その発展に寄与したことは多くの音楽評論家が認めるところです。

また、一九七二年に初来日した後、来日数は合計十回以上に上ります。東京、大阪のみならず、福岡、金沢など地方都市でも公演。二〇一五年来日時には、福島市内で初の海外女性歌手による震災追悼コンサートを「Pray For Fukushima」として開催、震災後の復興に寄与してくれました。

国連環境計画親善大使

オリビアの貢献は芸能活動だけにとどまりません。出産を契機に環境問題に意識高く取り組むようになり、一九八九年には国連環境計画親善大使に任命。環境保護活動への大衆の意識向上に努め、その知名度が手伝って大きな貢献を果たしました。

「オリビアを聴きながら」

オリビアが芸能活動の一線から退いた後にも、私の世代の多くはオリビアを身近に感じ続けました。その要因の一つは、尾崎亜美、杏里が唄い繋いできた「オリビアを聴きながら」かもしれません。「話すことなど何もない」かもしれませんが、ジャスミンティーを味わいながらオリビアを聴いてきたのです。

「豪州と聞いて思い浮かべるオージーは誰？」と聞かれたら、多くの日本人が今も「オリビア」と答えるのではないでしょうか。何と大きな功績でしょう。誠にふさわしい叙勲であり、心からお祝いします。おめでとう、オリビア！

オーストラリアで待っています！

実は、叙勲の内報は、米国に住んでいるオリビアに私から差し上げました。そう、大使の役得と言われても仕方ありません。気取らないオリビアの明るい声を聞いた途端、四十五年は若返った気がしました。もっと嬉しいことに、日本へのメッセージまでいただきました。

コロナによる旅行制限が緩和され、オリビアがホームと呼ぶオーストラリアで勲章伝達式ができることを心待ちにしています。

【残念ながらその後、がんが再発し、二〇二二年八月八日朝、逝去】

23　「日本の魅力発信」レセプション

十一月五日、ロックダウン明けから間もないキャンベラでは、まだまだ正常化にはほど遠い状況です。そうした中で日本大使館が仕掛けたのが、「日本の魅力発信」レセプションでした。

起点はJET

しばしば英語圏の識者から、「近年の日本政府の施策の大成功例」として高い評価を受けてきたのが、JET(Japan Exchange and Teaching)プログラムです。豪州、米国、英国などから毎年数百人規模の若者を募集し、日本各地に派遣。小学校・中学・高校で英語教員の助手、地方自治体の国際交流業務のアドバイザー役とし

「日本の魅力発信」レセプション

て報酬を受けて勤務しつつ、日本の地方生活を実地で体験してもらってきているものです。

発足以来、三十四年が経過、その間豪州からの参加者は累計で五千人近くに上ってきました。「成功」と評されてきた大きな理由は、このプログラムのお陰で、普段は外国人が足を向けないような地方でJET参加者が生活、勤務することにより、地方の国際化を支援するのみならず、参加者の間で日本の地方への理解を促進し、さらには数多くの「日本ファン」を生み出してきたからです。

実際、今回のレセプションに参加したJETのOB、OGに尋ねたところ、赴任先は、札幌近郊、水上温泉、入間市、明石市、愛媛県、大分市など、津々浦々。バラエティの広さに感じ入りました。

帰国後の活躍

滞日期間は、人により様々。特記すべきは、多くの場合、周囲に英語を話す人がほとんどいない環境での地方生活なので、どっぷりと日本の生活に浸かることができる点です。そこで、言語、文化、風習も異なる日本社会への順応に苦労しつつも、日本人のはにかみと礼儀正しさの壁をいったん乗り越えた後の気配り、優しさ、そして居心地の良さに惹かれ、日本リピーターになる人がたくさん生まれてきました。

彼らの受け入れを担当してきた自治体国際化協会幹部によれば、豪州からの参加者は、総じてしっかり者で信頼できるとの評価を得ているようです。

実際、母国へ戻った後、経済界、官界、学術界などで活躍している人が少なからずいます。東京二〇二〇大会組織委員会で活躍した人、現在、キャンベラの日本大使館にもJET経験者が六名もいて、彼らの活躍なくして大使館の仕事は回りません。嬉しいことに、シドニー、メルボルンの日本総領事館からも、JET経験者の現地職員が駆けつけてくれました。

大使館主催同窓会

彼らの間では時折集まって同窓会をしていたようですが、今回は大使館主催で開催したのが味噌。せっかく日本での貴重な生活経験を有し、日本への関心や愛着を抱き続けている彼らに、引き続き豪州と日本との架け橋として関係強化に尽力してもらうよう、呼びかけました。

文部科学省国費留学生

同時に、日豪の「架け橋」はJETだけに限られません。文部科学省の国費留学制度で豪州から日本に留学した学生は、累計で七百名以上に上ります。

そこで、今回のレセプションでは、キャンベラ近郊のJET同窓生だけではなく、国費留学経験者にも参加してもらい、旧交を温める機会を提供した次第です。東京外語大学、神戸大学の双方で勉強したブレット・クーパーさん（在京豪州大使館の前・商務担当公使）に開会の挨拶をしてもらいました。

大好評

長い間、ロックダウンでレセプションやパーティーの機会に恵まれなかったこともあって、当日は予想を超えて非常に盛り上がりました。十七時開始でしたが、二十一時過ぎまで熱く語り合う人の輪がいくつも見られたほどです。

裏千家のご協力を得ての茶道デモンストレーション、和太鼓のパフォーマンスも、日本ならではの味わいと活気を与えてくれた上に、実地に体験できる参加型としたため、人だかりができていました。

小形シェフを中心とする公邸スタッフが何日もかけて精魂込めて準備した笹かま（南三陸産）、海老天、唐揚げ、寿司、焼きおにぎり（仙台味噌使用）、WAGYUステーキ、フルーツポンチ（抹茶寒天、白玉）などの和食は、飛ぶようになくなりました。日本酒の「一品」（茨城）、「南部美人」（岩手）、酎

和太鼓パフォーマンス

ハイの「ストロング・ゼロ」（サントリー）などの日本ならではの飲み物が引く手あまたであったことも、嬉しい展開でした。

「コロナで多くの機関が過度に慎重になって活動を引き続き低下させているにもかかわらず、こうしたイニシアティブをとった日本大使館の英断に感謝する」との声を、ＪＥＴ、国費留学参加者のみならず、日本語教師、奈良・キャンベラ姉妹都市委員会関係者、キャンベラの在留邦人、豪州各地から参加された日本企業トップ、カウラ関係者、邦人プレスなど、何人もの参加者から頂戴しました。ありがたい限りです。多くの館員が苦労しながらも開催にこぎつけた意義を肌身で感じることができました。

年中行事に

あいにくの雨天にもかかわらず、駆けつけてくれた参加者は百四十名を上回りました。多くの人々と歓談する中で、ＪＥＴプログラム、文科省国費留学制度参加者が日本にとっての「大きな財産」であることを強く再認識しました。そうである以上、単発のレセプションで満足するのではなく、今後は一年に一回は開催する形にしていきたいと考えています。

24 日本企業支援

「筆頭商務官」という標題の下、日豪経済関係強化のために大使が果たし得る役割についてご説明しました。その関連で、十一月中旬には二つの大きな行事がありました。

全豪日本商工会議所連合会総会（ＦＪＣＣＩ）

その一つとして、十六日、豪州各地から日本商工会議所幹部の方々がキャンベラに集い、毎年恒例の連合会総会が行われました。豪州には約三百三十の日本企業が進出しており、シドニー、メルボルン、パース、ブリスベン、ゴールドコーストの五都市に商工会議所が設けられています（二〇二二年にアデレード日本商工会議所が設立され、現在は六都市）。

毎年十一月には、キャンベラの大使公邸に各商工会議所の幹部にお集まりいただき、一年間の業務報告とあわせて、日本大使館や総領事館への要望をうかがうこととしています。

今年はコロナに伴う旅行制限のために、残念ながらパース、ブリスベン、ゴールドコーストからは出席が叶わず、代理及びビデオ収録での参加となりました。一方、シドニー、メルボルンからは、合わせて二十名の出席を得ることができました。お陰様で、ロックダウン解除後の貴重な再会の場となり、活発なやりとりを行うことができました。

「トラベルバブル」設定への要望

企業の皆様から種々の要望をいただきましたが、その中で、最も強かった声は、日豪間で人流をコロナ禍以前の状態に回復すべく、往来制限を自由化すべき（いわゆる「トラベルバブル」の設定）とのご指摘でした。

すでに豪州側ではニュージーランドやシンガポールと自由化を図ってきているだけに、「次は日本」との期待の声には大きなものがあります。実際、①豪州にいる日本人駐在員や家族の日本への一時帰国や豪州への再入国、②日本人ビジネスマンの豪州への赴任・出張、③豪州人ビジネスマンの日本への赴任・出張など、色々な側面でコロナ禍に伴う規制が人流を妨げている問題は深刻です。コロナ禍後の経済回復を迅速かつ円滑に実現するためにも、自由な往来は必須です。

ティーハン貿易大臣発言の僥倖、翌週のビッグニュース

連合会総会前日の十五日の公邸での夕食会には、私が親交を重ねてきたティーハン貿易大臣をお招きし、日豪経済関係の現状と展望について講演、その後じっくりと意見交換をしていただきました。貿易、観光を所掌する有力閣僚であるだけに、時宜に適《かな》った機会でした。

嬉しかったのは、ティーハン大臣から、日豪間の「トラベルバブル」について「クリスマス前には設定したい」との力強い発言があったこと。この発言には、座が「わっ」と盛り上がり、やんやの拍手喝采でした。

こうしたやりとりがあってから間髪を容《い》れず、翌週の二十二日に豪州連邦政府が日本から豪州への渡航に関する大幅な規制緩和を発表したことは、大変嬉しいニュースです。

十二月一日から制限が緩和されるということだけでなく、先行するニュージーランドやシンガポールとの間のように相互での制限緩和を前提とせず、豪州が日本に一方的に制限を緩和する。このモリソン政権の果断な決定は、これまでに構築してきた日本との信頼関係を豪州が重視しているという強力なメッセージでした。

講演をするティーハン貿易大臣

日豪インフラ・ネットワーキング会合

先週のもうひとつの大きな行事は、シドニーで行われた第五回のインフラ・ネットワーキング会合でした。日本大使館が主催し、日本企業と豪州政府、豪州企業との橋渡しをする会合です。

豪日経済委員会（AJBCC）、KPMG社、PwC社の強力な支援と協力のお陰で、充実した会合となりました。

現下の大きな課題として日本企業の高い関心を集めて進んでいるのが、西シドニーの開発。そこで、今回はこの開発プロジェクトに的を絞り、関係日本企業、西シドニー開発に携わるニューサウスウェールズ（NSW）州当局、豪州企業を招き、十九日丸一日かけて意見交換をするとともに、ネットワーキングの機会を提供した次第です。

タイムリーな企画と課題

多くの企業関係者から、「ロックダウン解除後の絶妙なタイミングで、久々にビジネスの相手方や当局関係者と面談をすることができ、大変有意義だった」との好意的な評価が続々と寄せられました。

同時に、今後の展望を手放しで楽観できないことも明らかでした。一方で、入札や実際の投資に当たって、より万全な情報を求める日本企業。他方で、発注主体と企業との話し合いを通じて仕様などを詰めていくスタイルのNSW当局。両者の間で「情報ギャップ」「認識ギャップ」を改善していくための粘り強い不断の努力の必要性が痛感されました。こうした現場の状況についての本社サイドの理解も不可欠でしょう。

日豪経済関係のさらなる発展、さらにはインド太平洋地域における日本企業の役割の拡大のためには緊要なプロジェクト。大使館としても、シドニーの総領事館、そして霞ヶ関の関係省庁と力を合わせて引き続き汗をかいていこうと思っております。

ペロテーNSW州首相との会談

その関連でご報告すべきは、十月に新しく就任したNSW州のペロテー首相と十九日に会談の機会を持ったことです。

就任直後で多忙にもかかわらず、気持ちよく対応していただきました。家族旅行で三週間強も訪日したことがある由。西シドニー開発や高速鉄道導入、水素製造・輸出など、日本とNSW州との間の経済関係の強化のために、まさに波長の合った議論をすることができました。

ペロテー州首相には是非とも来年には日本を訪問していただき、さらに関係を進めていくことを強く期待しております。私も、引き続き「筆頭商務官」として、ささやかな努力を重ねていきたいと思います。

NSW州のペロテー首相（中央）と紀谷昌彦シドニー総領事（右）、筆者

25
杉原千畝《ちうね》映画上映会

十二月二日、キャンベラで「ペルソナ・ノン・グラータ」（邦題：杉原千畝）という日本の外交官・杉原千畝を主人公にした映画の上映会が行われました。今回はそのご報告をします。

「命のビザ」

日本の多くの方がご存じのとおり、杉原千畝氏は外務省における私の大先輩です。第二次大戦の戦禍が迫る欧州リトアニアに領事代理として赴任。ナチスの迫害から逃れようとするユダヤ人に対して、日本通過のためのビザを発給。

これによって、数千人に及ぶユダヤ人が日本を経由して、米国、豪州などの安全な国に逃れることができたため、杉原が発給したビザは「命のビザ」と呼ばれました。救われたユダヤ人の子孫は、十万人に達するとの説もあります。人道的に顕著な功績により、一九八五年にイスラエル政府により、「諸国民の中の正義の人」として表彰。日本人では唯一の受賞者となりました。

日本・ポーランド合作

二〇一五年に作成された映画には、唐沢寿明、小雪という日本を代表する俳優が杉原夫妻役で登場。約二カ月にわたるロケを、リトアニアの隣国であるポーランドで敢行。瀟洒《しょうしゃ》な建築、美しい街並みや田園風景が盛り込まれているのも、この映画の味わいを増しています。

なぜ豪州で杉原映画か？

そう思われる方もおられるでしょう。実は、豪州には、ホロコーストの迫害を逃れてポーランドをはじめとする欧州の地から逃れてきた人々が相当数存在します。

ユダヤ系のフライデンバーグ財務相と意見交換をした際、同財務相の両親がそうした境遇にあったことを知りました。同財務相からは、迫害を逃れて豪州に来て充実した第二の人生を送ったエディ・ジェイク氏による自伝『世界でいちばん幸せな男』という本を贈呈されました。読者を惹きつけて一気に読ませる内容であり、強く印象づけられました。

また、デソウ・ビクトリア州総督ご夫妻、メルボルンの著名財界人であるジョンとポーリーン・ギャンデルご夫妻もポーランド出身のユダヤ系とうかがっています。

開拓期に培われた「メートシップ」を大切にする豪州には、迫害や圧政を逃れ、豪州を安住の地として選んで辿り着いた人々を優しく受け入れる気風があるように受け止めています。

コジェウスキー・ポーランド大使のイニシアティブ

今回の上映会が実現したのは、私の友人であるミハウ・コジェウスキー大使の呼びかけがあってこそ。ミハウとバーバラの夫妻は、共に金沢大学に留学した日本通。その上に互いの公邸が近いこともあり、親しく付き合っています。

そんなミハウから、杉原映画の上映会を共同でやろうとの嬉しい提案があったのです。築六十年近くになる日本大使館には、映画を上映できるホールが残念ながらありません。そこでフィルムは日本大使館が手配する一方、ポーランド大使館が会場、そして美味なポーランド水餃子などをはじめとする飲食を提供してくれたのです。こうして共同上映会を行う段取りはつきましたが、コロナの影響でたびたび延期。このたび漸く実施に漕ぎ着けることができました。

まさに、困難を乗り越えての日本・ポーランド共同作業。両大使館のスタッフによる尽力の賜です。

杉原以外の貢献者

当時の歴史に詳しい方々には釈迦に説法ですが、ユダヤ人の救済に貢献した日本人は杉原千畝に限りません。例えば、当時、ハルビン陸軍特務機関長の任にあった樋口季一郎陸軍中将も、その一人。欧州を逃れて満州国境に押し寄せたユダヤ人に対して満州通過を認め、安全な地へと逃れる「樋口ルート」を作った功績で知られています。

せっかくの機会であったので、こうした点にも、上映会前に行われた私の挨拶で言及した次第です。

反響

映画の中には、日本領事館のフェンスにもたれかかって母親と共にビザ発給を夜通し待ちわびる女児に対し、杉原の子供がパンを差し出すシーンがあります。涙腺の弱い私など、もう駄目。周りから聞こえてきた物音や観客の仕草から判断すると、そうした反応は私だけではなかった模様です。

上映後、何人もの人から「素晴らしかった」「自分たちが知らなかった話だ」「日本人から見た歴史の一面がよく理解できた」といった反応に接しました。

映画の持つ大きな役割と比類ない訴求力を改めて再認識した夜でした。

日本映画祭へ

キャンベラには日本映画ファンが少なくありません。先般行われた毎年恒例の日本映画祭でも、少なからぬ方から私に対してチケットの入手方法の照会があったくらいです。でも、コロナ禍では規模を大幅に縮小して行わざるを得なくなりました。

イギリス大使館主催「007」上映会にて。左端がフィッチェン・ドイツ大使、中央がトリーデル英高等弁務官、その右がドイツ大使夫人

本年、ノルウェー大使館は同国出身の探検家アムンゼンの映画を上映し、好評を博しました。イギリス大使館は、何と007シリーズの最新作を上映。ドレスコードは、「（ジェームズ・ボンドと同じ）ブラックタイか悪役の格好」という洒落た演出。ソフトパワーが百花繚乱するキャンベラなのです。

来年こそは、上質の日本映画がキャンベラに届けられるよう、大使館としても支援していきたいと思います。

26 ファイブ・アイズ

十二月に入り、豪州情報機関のトップであるアンドリュー・シアラー国家情報庁（ＯＮＩ）長官、そして対外情報を司るポール・サイモン豪州秘密情報機関（ＡＳＩＳ）長官をそれぞれ公邸に招いて、じっくりと意見交換を行いました。そこで、今回は情報分野での協力の話をしましょう。

日豪情報協力

日豪間で近年目覚ましく進展している協力のひとつが、情報分野での協力です。民主主義、法の支配、基本的人権の尊重、市場経済といった基本的価値を共有している上に、「自由で開かれたインド太平洋」の実現に向けて南シナ海や東シナ海などで協力を重ねてきている間柄であり、ごく自然な展開で

豪州情報機関コミュニティの中心であるシアラーONI長官（右）

もあります。

かつて私が国際情報統括官という、外務省のインテリジェンス部門の局長ポストを務めていた際、最も緊密な協力相手のひとつが豪州でした。そうした事情もあり、歴代の駐豪州大使には、佐藤行雄大使をはじめ、インテリジェンス経験者が散見される次第です。

心温まる歓迎

実は、私のキャンベラへの着任に当たって最も温かく歓迎してくれたオージーが、シアラー長官やサイモン長官をはじめとする情報関係者でした。

朋友である大塚海夫元防衛省情報本部長（現ジブチ大使）の紹介で知り合った、豪州国内での防諜にあたる豪州治安情報機関（ＡＳＩＯ）のマイク・バージェス長官も、その一人です。さる三月に豪州を取り巻く情報活動の状況について同長官自ら豪州政府関係者、マスコミなどに説明する機会に、初めて日本大使を招いてくれただけでなく、皆さんの前で紹介してくれるなど、きめ細かい気遣いをしてくれました。

豪州の対外情報収集の責任者であるサイモンASIS長官（右）

こうした私たちの共通項は、共にウイスキー好きということでしょうか（笑）。彼らが持参してくれたタスマニア産のウイスキーには強い感銘を受けました。一方で、「響」や「山崎」など、日本が誇る銘酒に目がないのも、彼らなのです。まさに双方向の情報交換です！

ファイブ・アイズ加入？

そうした中で、講演やインタビューの際にしばしば聞かれる質問が、「日本は、豪州が米、英、加、ニュージーランドと築いてきた情報分野の協力の枠組みである『ファイブ・アイズ』に加入しないのか？」というものです。

アボット元首相、最近外務大臣表彰を受けたピーター・ジェニングス豪州戦略政策研究所長（ASPI）など、「日本を加えて『シックス・アイズ』にするべき」という議論を公の場で力強く展開してくれる有識者も少なくありません。

アボット元首相（左）も、日本のファイブ・アイズ入りを提唱する一人

日豪両国が基本的価値や戦略的利益を共有している上、インド太平洋地域における現下

の最重要課題について日本が有する掘り下げた知見や豊富な歴史的経験が期待されている面があることは、想像に難くありません。国際情報統括官時代、日本側が披露するこの地域の情勢分析に対して欧米の種々の機関が一目置いていることは、肌身で実感してきました。

日本の宿題

同時に、私は「ファイブ・アイズ」云々の質問や指摘を受けるたび、「日本の能力を評価しての発言と受け止め、光栄に思う」としつつ、「日本には、まだまだやるべきことがある」と応答しています。

どういうことでしょうか？

機構の設置、人材の育成、法制の整備など、宿題を抱えているという意味です。

例えば、豪州のASIS、米国のCIA（中央情報局）、英国のMI6（英国秘密情報庁）などと情報協力を行うためには、そのカウンターパートとなる機関が必須です。いわゆる対外情報機関の設置です。日本に国家安全保障局（NSCの下でのNSS）を設置して米国ホワイトハウス（NSC）のカウンターパートを作り、日米間の意思疎通が従前に比して遥かに深まったのが良い前例でしょう。

「早く俺たちの相手となる機関を作ってくれ」というのが、彼らの本音なのです。

人材、法制

むろん、器さえ作れば事足りるわけではありません。それを支えるのが人材です。

ロンドン在勤時代、英国の情報機関のトップを務めた知人から、こう言われたことがあります。

「インテリジェンス・オフィサーとは、外交官でもないし、警察官でもない。生き馬の目を抜くような国際情勢を鳥瞰《ちょうかん》する視点を持ちつつ、名声を求めることなく名もなき存在として粉骨砕身し、自らの命を捧げることも躊躇しない。国家の秘密を抱いて墓場に持っていく。そこに誇りを見いだす連中なのだ」

彼らから信頼された形で情報交換を行い得るためには、政府だけでなく立法府の関係者をも対象に置いた秘密保護法、厳格なスパイ防止法などの法制整備が必須であることは、情報分野の玄人《くろうと》の常識でもあります。

個別協力のブロック構築

安全保障分野では、集団的自衛権に係る憲法解釈変更といった、難度の高い課題に取り組んで一歩一歩進んできた日本です。情報分野での機構の設置、人材の育成、法制の整備など、決して乗り越えられない課題ではないと個人的には考えています。現に諸方面で鋭意努力が重ねられつつあります。

国家としての課題の本質は、「ファイブ・アイズに入るか否か」ではありません。北朝鮮による拉致問題及び核・ミサイル開発計画、尖閣諸島周辺での緊張の悪化など中国の台頭がもたらす種々の挑戦、歴史問題の政治利用などに直面してきた我が国自身が、いかに率先して情報能力を強化し日本の繁栄と平和を守っていくかという問題なのです。

そうした大きな構図・目指すべき目標を念頭に置きつつ、駐豪州大使として、具体的な協力を一つひとつ地道に積み上げていきたいと考えております。

[II]
2022年

27 日豪首脳会談

二〇二二年の年明けを迎え、昨年に引き続き、日本での豪州の存在感、豪州での日本の存在感の双方を高めるために微力を尽くす覚悟です。

幻の総理訪豪

今だから打ち明けますが、実はこの年末年始は休みがありませんでした。というのも、岸田文雄総理の豪州訪問を実現すべく、東奔西走していたからです。

もともと日豪両国の間には、一年に一回は首脳レベルの相互訪問を行うという了解があります。前回の首脳訪問は、二〇二〇年十一月のモリソン首相の訪日。したがって、今度は日本の総理大臣が豪州を訪問する番です。本来であれば昨年に実現されるべきだったのですが、コロナ禍への対応や日本での政権交代もあり、実現できませんでした。そこで、この年始が格好の機会として注目されていたわけです。

豪州側の期待と抜群の相性

岸田総理とモリソン首相は、既に二度にわたり首脳会談を行っています。最初は就任後まもなくのオンライン会談。二回目は英国グラスゴーで国連気候変動枠組条約第二十六回締約国会議（COP26）の際、対面で行われました。

会談後、総理は記者団に向かって、「すでにテレビ会議において意気投合しておりましたモリソン・オーストラリア首相と大変充実した意見交換を行いました」と発言。首脳外交ではしばしば個人的な信頼関係の構築が重要と指摘されますが、まさに抜群の相性であったことがうかがわれます。

それだけに、モリソン首相をはじめとする豪州側も、日本の総理の豪州訪問を待望していました。豪州では、例年クリスマスから一月二十六日のオーストラリアデイまでは夏休み期間。日本のお盆のような状態になります。

にもかかわらず、非常に大切な訪問であるとして、豪州側も休み返上で準備に当たってくれていました。私も、大晦日、元日はキャンベラで執務し、一月三日からはシドニーに乗り込んで受け入れ準備に当たっていました。

嗚呼、オミクロン！

ところが、日本でのオミクロンの状況が急変。三日には、東京でも沖縄でも新規感染者が数カ月ぶりに百名を超える事態に。このような状況の下では総理が日本を離れるわけにはいかず、豪州訪問は土壇場でキャンセルとなりました。

実現していれば、日本の総理としては就任後初めての二国間訪問（注：昨年の英国グラスゴー訪問は国際会議出席のためでした）の行き先として豪州を選んだこととなるため、日豪関係に携わる両国関係者の胸は期待に大きく膨らんでいました。

むろん、キャンセルの第一報を豪州側に伝えるのは大使の仕事。つらい役回りです。「十分に理解する。豪州でも山火事対応に追われたことがあったから」という心温まる言葉に本当に救われました。

もっとつらかったのは、ほぼ不眠不休で準備に当たってくれていた同僚（キャンベラの大使館、シドニー、メルボルン、ブリスベン総領事館の本官や現地職員の混成部隊でした）に対して、「撃ち方止め」の指示を下したときです。総理一行の宿舎として予定していたシャングリラホテルの会議室で通知した際、何人かの目がうっすらと光るのを見て、いたたまれない気持ちになりました。

オンライン会談

でも、オミクロンごときにかき消されるような日豪関係ではありません。総理訪豪中止の報を聞いた豪州の某元首相が「あのウイルス野郎」（bloody virus）と呼び捨てた気概は、日豪両国関係者に相通じるものです。

そこで仕切り直し。六日にはオンラインで首脳会談が実施され、豪州側の配慮で私もキャンベラの連邦議会議事堂オフィスでモリソン首相と同席させてもらいました。会談後には共同声明が発表されました。

オンラインで行われた日豪首脳会談（写真：首相官邸ホームページ https://www.kantei.go.jp/jp/101_kishida/actions/202201/06nichigo.html）

画期的な円滑化協定（RAA）署名

それだけにとどまりません。二〇一四年以来交渉を重ねてきたRAAがまとまり、両首脳が署名することができました。

日本の自衛隊、豪州国防軍の間ではすでに共同訓練・演習が行われてきていますが、この協定で法的枠組みが整備され、互いの国への入国、装備の持ち込み、事件・事故の際の裁判管轄権などが明確に規定されたのです。日本にとっては、初めてのRAAです。

南シナ海、東シナ海をはじめとしてインド太平洋の安全保障環境が厳しさを増す中、日豪両国の防衛当局の協力が質量共に活発化し、ひいては地域における抑止力を強化することが強く期待されます。両首脳が自ら署名した事実が、この協定の歴史的意義を物語っています。

捲土重来《けんどちょうらい》

オミクロンのために今回は実現できなかった総理訪豪ですが、近いうちに是非実現されるよう、出先の大使館としても努力を重ねたいと念じております。

「対面での会談に勝るものなし」というのは、コロナ禍の制約を経てきた経験から、実感として日豪が共有しているからです。

28 全豪オープンテニス

一月中旬、メルボルンに出張した機会に、初めて全豪オープンテニスを観戦する機会に恵まれました。今日はそのご報告です。

ワクチン騒動

日本でも大きな話題になったようですが、ジョコビッチ選手のビザ取り消し、強制退去問題は、豪州でも連日紙面を大きく賑わせました。

「そもそもなぜビザを出したのか？」「豪州テニス協会、ビクトリア州政府の対応と連邦政府（国境管理当局）との連携が十分にとれていなかったのではないか」といった批判も聞こえてきますが、今回の処分には七十パーセントに上る豪州世論の支持が寄せられています。

「大選手だからといって特別扱いは許されない」「ルールはルール」（モリソン首相）、「コロナ禍で豪州人は皆犠牲を払ってきたのだから、協力して今の状態を守る必要がある」との議論には説得力があります。

頑張れ、大坂なおみ選手

そんな背景もあったので、今回の大会では、ワクチン接種してメルボルン入りしたディフェンディングチャンピオンたる大坂なおみ選手への応援に力が入りました。

二十一日の三回戦は、ビクトリア州政府の駐日代表のアダム・カニーンさんの配慮で島田順二在メルボルン総領事夫妻と招かれ、貴重な観戦・応援の機会を得ました。

米国の新鋭アマンダ・アニシモバ選手との試合は、手に汗握る熱戦に。一時は大坂選手がマッチポイントを握って追い込んだのですが、その後タイブレークにもつれこみ、まさかの敗戦を喫してしまいました。

大坂選手の試合会場にて島田総領事夫妻と

力と声援

それにつけても、間近で見て改めて感銘を受けました。鍛え抜かれた頑健な肉体。そこから繰り出される豪快なサーブとショットの数々。絶え間ない切磋琢磨を感じさせる、まさに力と力のぶつかり合いでした。学生時代に軟派なテニスをかじっていた私としては、火の出るようなラリーの応酬に圧倒され続けました。

もう一つ強く印象に残ったのは、会場の声援です。試合中、「頑張れなおみ（Come on, Naomi.）」との声援を豪州のテニスファンから何度聞いたことか！　米国人選手への声援を遥かに上回る励ましを受けた大坂選手が目の覚めるような弾丸サーブや切れ味鋭いショットを決めるたびに、自らを鼓舞するように「カモン」と声を発していたことが彼女のテニスの力強い再生を物語っているように受け止めました。

大金星狙いの相手の積極性と調子が上回ったため、実に悔しい敗戦でした。でも、試合後、コートを後にした大坂選手の背中に寄せられた心温まる拍手と声援を目の当たりにするにつれ、来年の大会での大活躍が目に浮かぶようでした。

全豪オープンの雰囲気

初めて体験して印象的だったのは、全豪オープンのアットホームな雰囲気でした。真夏のメルボルンの灼熱の太陽を避けるため、試合の中には午後七時開始も少なからずあります。そうなると、深夜までもつれこむ試合も。いきおい会場付近には、一日中お祭りのような華やいだ活気が漲《みなぎ》ることになります。

また、会場内には、豪州を代表する南オーストラリアの高級ワインメーカー「ペンフォールズ」経営のレストランが併設されています。そこで食事と極上のワインを楽しんでからテニス観戦に臨むとの、なんとも贅沢な風習が根付いているところに、テニス王国の伝統の深さと奥行きを感じました。

若いアスリートから得られるインスピレーション

東大大学院で講師を務めていた時、「今の日本の若者は消極的で、海外留学を敬遠する」という批判をしばしば聞かされました。確かに日本から海外へ赴く留学生は減ってきました。ひとつには、費用対効果の問題が意識されていることは間違いありません。世代論を指摘する人もいます。

しかし、スポーツの世界を見るとどうでしょうか。少しでも上の世界を目指すアスリートが果敢に世界にチャレンジしてきているのではないでしょうか。テニスの大坂なおみ選手、野球の大谷翔平選手、ゴルフの松山英樹選手、サッカーの南野拓実選手などなど。

臆することなく海外に挑み赫々《かっかく》たる戦果をあげてきている若手アスリートを見ると、世代を超えてアピールする強力なインスピレーションを感じます。むろん畑は違い、外交の任にある者として海外に出るのは当たり前なのですが、「打って出る」ことの重要性を改めて植え付けてくれる、そうしたスポーツ選手の活躍に心からの敬意と感謝を表したいと思います。

大坂選手、ありがとう。来年も待っています！

29 ギラード元首相叙勲伝達式

待ちに待った日が来ました。令和三（二〇二一）年春の叙勲で旭日章の最高位である旭日大綬章を受章されたジュリア・ギラード元首相への叙勲伝達式です。

コロナに負けず

叙勲の連絡をロンドンに滞在していたギラード元首相に私から差し上げたのは、昨年四月のことでした。それ以来、今か今かと伝達式のタイミングを計っていました。コロナ禍の国境制限で長らくままならなかった往来が漸く可能となり、南オーストラリア州のアデレードに戻っていた同元首相にキャンベラの公邸にお越しいただけるようになったのです。

電話での会話に非常に気さくに応じられ、また、東日本大震災十周年記念のレセプションにも心温まるメッセージを頂戴したこともあり、直接お目にかかれる日を心待ちにしていました。

「ザ・レディー・イン・レッド」

二月四日夕刻、指定の時間に公邸に到着されたギラード元首相は、待ち構えていた私をはじめとする日本大使館の関係者一同にとって、鮮烈な印象を与えました。

色鮮やかな真紅のドレス。きりっと引き締まるような知性と人なつっこい笑顔。歯切れ良いテンポで発せられるユーモアあふれる言葉。誰にでも分け隔てなく接する姿。これらが相まって、まさに、えも言われぬオーラが立ちこめていたからです（**口絵2―1**）。

実は、叙勲伝達式実施に当たっては、キャンベラの大使館では、伝達式と併せて、受章者の意向に応じてレセプション又は食事会を大使公邸で開催し、受章者自身が希望された方々をお招きして一緒にお祝いすることとしています。ギラード元首相としては、少人数の夕食会に、自らの政権時代に自身を支えてくれた補佐官や秘書官などの面々をお呼びしたいとの意向でした。

ギラード元首相を公邸に迎えて

そのこと自体が、ギラードさんの政治家としての信条や個性を語って余りあるように受け止めました。豪州初の女性首相である一方、しばしば「最も人気がある元首相の一人」と評される理由が、実によく理解できました。

東日本大震災時の功績

今回の叙勲の最も大きな理由の一つは、十年前の東日本大震災時に豪州首相を務めておられたギラードさんの功績です。

震災後の東北を訪れた最初の外国首脳が豪州のギラード首相でした。はるばる宮城県南三陸町まで赴き、避難所で不安と疲労に苛《さいな》まれていた児童にコアラやカンガルーの縫いぐるみを跪《ひざまず》きながらプレゼントしていた姿は、決して忘れられません。

当時、豪州空軍にはC‐17輸送機が全部で四機ありましたが、そのうち出動可能な三機すべてを派遣したのはギラード政権。行方不明者の捜索救援チームを派遣し、福島第一原発原子炉冷却作業を支援するための特殊ポンプを届けてくれたのも、ギラード政権。また、被災地の子供のために教育支援計画を作り、東北の子供たちを豪州留学に招いてくれたのも、ギラード政権でした。

アットホームな夕食会

伝達式の直後に行われた食事会は、笑いが絶えず、殊のほか温かく楽しい夕餉《ゆうげ》となりました。

それにつけても、ギラードさんから次々に繰り出される話が深くて面白いこと！　同時に、人をそらさない「聞き上手」ぶりに感銘を受けました。

小形公邸料理人は、この日のために、日本での料理コンクールに出品したこともある「パテ・アン・クルート」を四日間かけて周到に調理し、焼き上げてくれました（口絵3－4）。わざわざ日本から取り寄せた神戸牛や、精魂込めたにぎり寿司といった他の料理と並んで、日本人の心からの感謝とお祝いの気持ちをご本人、そして列席の豪州政府関係者にお伝えすることができたのではないかと思います。

食後も、国産ウイスキー「響」のグラスを傾けながら、大使公邸の日本人形を巡る怪談など、夜の更けるのも忘れて話題は盛り上がりました。

教育・女性の社会進出

首相を退いた後のギラードさんは、世界各地の恵まれない子供たちへの教育支援や女性の社会進出の後押しをすべく、活発に社会活動を続けておられます。日本の外務省に昨年入省した総合職職員の過半数が女性であったとお伝えした際の明るい笑みが印象的でした。

日本料理を楽しんでいただきながらじっくりとお話をうかがえる次の機会が、本当に楽しみです。

30 クアッド外相会合

二月十一日にはメルボルンでクアッド（日豪米印）の外相会合が行われました。今日は、そのご報告です。

オーストラリアに祝意を！

日本、豪州、米国、インドの四カ国によるいわゆる「クアッド」の会合は、首脳、外相、局長といった様々なレベルで重層的に行われています。首脳レベルでは昨年初めての対面での会合が米国ワシントンで行われました。

外相レベルでは、既に三回、局長レベルでは八回も行われてきています。今回は初めて豪州主催で外相会合が行われたことに大きな意義があります。

四カ国の外相によるモリソン首相表敬も実現。豪州でも

クアッド（日米豪印）外相会合
（写真：外務省ホームページ　https://www.mofa.go.jp/mofaj/fp/nsp/page6_000663.html）

日本でも、写真や映像と共に大きく報じられました。

「豪州は一人ではない」

実は舞台裏の事情をお話しすると、今回の会合の開催は容易なものではありませんでした。各国ともオミクロンの対応に追われる中、ウクライナ問題は緊張度を増してきており、日本の国会では予算審議の最中でした。日本の祭日に設定したのは、「対日配慮」でもあります。

このような状況下で各国外相の出席を確保し会合を開催できた豪州側の感慨には、ひとしおのものがあったようです。「外交の力が問われている時」（林芳正外務大臣）のクアッド外相会合。受け入れに当たった主催国のペイン外相による議事運営は、誠にテンポ良く的を射ており、まさに水際立った議長ぶりでした。

そうした中、クアッドの外相会合としては初めてとなる共同声明を発出。四カ国が威圧的な経済慣行に反対することなどが明記されました。

日豪米印の外相が諸般の事情をおしてメルボルンに集い、「自由で開かれたインド太平洋」の推進に向けて声を合わせたのです。ある豪州政府高官は、「豪州は一人でないことがよく分かった」としみじみ吐露していました。十分に頷けます。

聖地でのおもてなし

メルボルンらしいおもてなしは、ペイン外相主催による夕食会が、クリケットの聖地と言われるメルボルン・クリケットグラウンド（MCG）で行われたことです。一九五六年のメルボルン五輪の際にメイン会場として使用され、十万人収容というマンモススタジアム。日本で言えば、国立競技場と東京ドームを合わせたような存在です。

夕食会の会場となったメルボルン・クリケットグラウンド

人工芝かと間違えるくらい精緻に刈り込まれた聖地の（笑）天然芝のグラウンドの上に立った時、観客席が埋め尽くされた時の地鳴りのような声援が耳に響く感じがしたのは私だけでしょうか。

ちなみに、日米を結びつける一つの強力な絆が野球であるのと同様に、豪印を結びつけているのがクリケットなのです。

林外務大臣の来訪

豪州の地で勤務する我々にとって何よりも元気を与えてくれたのは、オミクロン対応に追われ、予算審議の最中にも拘わらず、林大臣がはるばるメルボルンに来られたことです。

羽田を十日夜九時半に出発。メルボルンにはチャーター機で十一日朝九時半に到着。ホテルに着くなり、抗原検査、

ＰＣＲ検査を経るや否や豪州野党（労働党）幹部との意見交換。そして各国外相との二国間会談、クアッド関連行事など、翌十二日正午過ぎにメルボルンを発ちホノルルに向かうまで、まさに分刻みの日程。豪州滞在は正味二十七時間という強行軍でした。

在外公館の士気があがるのは、総理や外相の訪問を得た時です。日頃の地道な外交で地盤を固めた上で、要人の往来を通じて具体的成果につなげ、さらなる高みにあげていく。外交の要諦です。年明けに予定されていた岸田総理の来豪がオミクロンで延期を余儀なくされたこともあり、今回の林大臣の来豪には特別の重みがありました。メルボルン総領事館、キャンベラ大使館、シドニー総領事館の混成チームで対応。本官、現地職員を問わず、各自が匠の矜持と熱意を胸に秘めつつ、溌剌《はつらつ》と仕事に取り組んでいる姿が印象的でした。

首脳会合へ

クアッドの外相会合は毎年行っていくことが再確認されました。すでに岸田総理は、日本が本年前半にクアッド首脳会合を開催することを表明していましたが、今回の外相会合では、日本主催への首脳会合への期待も表明されました。

自由で開かれたインド太平洋の実現に向けて、日本、オーストラリアが米国、インドとスクラムを組んで力強く進んでいく。そんな模様を目の当たりにするにつれ、泥のような疲れが心地よい達成感に代わっていくメルボルン出張でした。

31 カウラ平和賞

社会人になってから、私は表彰というものには縁のない人生を送ってきました。それなのに……今回は、意外な、そして、実にありがたい表彰のご報告です。

カウラ平和賞

二〇二一年のことでした。カウラの関係者から、不肖小生に同年のカウラ・ロータリークラブ平和賞を授与するとの連絡があったのです。

最初は耳を疑いました。受賞記念の夕食会に是非カウラに出向いてきて欲しいとのこと。人に褒めてもらえることの少ない役人人生を送ってきたので、凄く嬉しくなってしまい、二つ返事でＯＫしました。

昨年11月に公邸で開催した「日本の魅力発信」レセプションに、カウラから駆けつけてくれたウェスト市長（左）とグリフィス理事長（右）

でも、コロナのためなかなかカウラに出向くことができませんでした。漸く二〇二二年二月になって、カウラに行き受賞できるようになったのです。

聞けば、今までは主としてカウラ関係者が受賞してきた賞とのこと。カウラ市長のウェスト氏やカウラ日本庭園・文化センター財団理事長のグリフィス氏など、カウラの大立者が過去の受賞者リストを占めており、日本人の受賞は初めてとのことでした。

グリフィス理事長夫妻と筆者夫婦

カウラ再訪

着任以来、今回で四回目のカウラ訪問となりました。受賞式を兼ねた夕食会出席が目的でしたが、片道二時間強かけてのせっかくの再訪です。あえて希望して、大好きな日本庭園をもう一度案内してもらいました。

あいにく雨模様の天気。でも、そのためか、通常であれば乾燥しきっている田園の町が瑞々《みずみず》しい緑の世界に変貌していました。絨毯《じゅうたん》のように刈り込まれた日本庭園の芝生は鮮やかに輝き、ユーカリの木は青々と茂っていました（**口絵4―4**）。

日本兵の霊は岩に戻り、豪州兵の霊は木々に戻るとされる日本庭園。鐘をつき合掌。ブレイクアウト（捕虜収容所脱走事件）で落命した日豪双方の貴重な犠牲と献身に、哀悼の誠を捧げました。

受賞記念夕食会

なんと心温まる夕食会であったことでしょうか。カウラ名産のラム肉のご馳走。それ以上に、私たち夫妻を気持ちよく迎えてくださったカウラの人々の気遣いに心打たれました。

夕食会の最中に、何人もの出席者から声をかけられました。

「自分の母親は日本軍の捕虜収容所で少女期の数年間を過ごすというつらい経験をした。だが、日本の若い世代に対しては何の遺恨もない。今は、日本からのホームステイの留学生を迎え入れている」

「先週のダーウィンでの山上大使夫妻の献花の模様をテレビニュースで見て、実に感慨深かった」

「ウクライナ情勢への対応で大変な時代だからこそ、日豪が協力する必要がある」

和解の力

このような話をうかがうにつれ、よく理解できました。すなわち、今回の受賞は、私個人の功績ではなく、日豪の関係者の尽力により和解が達成された証《あかし》なのです。その意味で、真の受賞者は、長年地道な努力を重ねてこられた先輩方です。

祝賀スピーチでウェスト市長は、「この大使は、総督に信任状を提出する前にカウラを訪れ、市長に信任状を提出した」と冗談交じりに話し、満場の笑いを誘いました。

カウラの人々の日本に対する温かい思いと気遣い。まもなく南半球は秋を迎えますが、「紅葉祭り」でのカウラ再訪を心の中で誓う私でした。

32
ラグビーがつなぐ日豪

ウクライナ情勢の展開に暗澹たる思いが尽きない毎日ですが、少し気持ちが明るくなる話を紹介させてください。

ブランビーズへの日本人選手加入

キャンベラを本拠地とするラグビーチームに「ブランビーズ（Brumbies）」があります。トップチームで形成されるスーパーラグビーの強豪で、二〇〇一年、二〇〇四年、そして二〇二〇年には総合優勝。チーム（男子）の三十五名にのぼる選手の半数以上が豪州代表経験を有しています。日本の方には馴染みが薄い英単語ですが、チーム名は「野生馬」を意味します。

なんと、その女子チームに日本人選手が二人加入したの

試合会場となったキャンベラスタジアム。手前は巨大なチームのマスコット「野生馬」

です。古田真菜選手とラベマイまこと選手。二人とも福岡県出身で現日本代表。週末の三月五日、彼女らを応援すべく、土砂降りのキャンベラのスタジアムに駆けつけてきました。

日本とのつながり

ラグビーファンの間では有名なことかもしれませんが、実は、ブランビーズと日本との間には、いくつものつながりがあります。

日本代表のヘッドコーチを務め、二〇一五年のワールドカップで強豪南アフリカを破る歴史的勝利に大きな貢献をしたエディー・ジョーンズ氏は、一九九八年から二〇〇二年までブランビーズのヘッドコーチを務めていました。

また、二〇〇九年から二〇一二年まで釜石でプレーし、震災後の東北を励ましてくれたスコット・ファーディー氏も、二〇一二年から二〇一七年までブランビーズでプレーしていました。

こうした歴史的な絆があるだけに、今回の二人の女子選手の加入には、キャンベラ在住の多くの日本人が胸を躍らせているのです。

豪州でのラグビー

豪州に来てよく分かったことがあります。日本にいる際には、ラグビー強豪国のイメージが強いだけに、豪州に行けば、公園のそここでラグビーボールを回している子供たちがいるのだろうと想像していました。

事はそう単純ではありませんでした。クリケット、AFL（オーストラリアンフットボール）があり、サッカーも人気があるといった中での一つのスポーツです。さらにラグビーには二通りあって、ラグビーリーグとラグビーユニオンがあり、ルールが違うのです。

前者はプレーの連続性を重視するために、タックルされるたびにボールを地面にリセットし、相手選手は身を引き、プレーを続行させる形と言ったら良いでしょうか。

日本でやっているラグビーは、後者のユニオンのルールに従った方であり、ブランビーズもユニオンの一員です。

「ユニオンの方の人気は？」と聞いてみたところ、一時低迷したものの、徐々に回復しつつあるとのこと。選手の顔ぶれを見てみると、豪州の選手だけではなく、フィジー、トンガ、サモアなどの太平洋島嶼《とうしょ》国出身の選手も少なからずいて、豪州とこれらの国との近さを感じさせるものがありました。

ラグビーワールドカップ

ブランビーズの試合を応援していたら、バー首都特別地域首席大臣やアンダーソン戦争記念館館長など、多くの要人やブランビーズファンにお会いすることができました。

歓談をするうちに何人かの人が言及してくれたのが、二〇一九年のワールドカップ日本開催。

ラベマイまこと選手（左）、古田真菜選手（右）と

アタックを仕掛ける古田選手（中央）

整然とした運営ぶり、フェアな応援、日本代表の健闘ぶりが話題に上りました。外交の世界でしばしば実感してきたことですが、「スポーツは身を助ける」。メジャーなスポーツでの活躍が、国際社会でのその国の存在感を高めることは間違いありません。

大暴れを期待

さて、肝心の試合です。野生馬の名前宜しく、試合の最中にしばしば場内放送で「ヒヒーン」という馬のいななきが流れることには微笑まされました。

当日は女子の試合に続き、男子の試合も観戦。流石にスーパーラグビーの強豪だけあって、そのパワーとスピードには目を見張るものがあり、圧倒されました。

女子のラグビーワールドカップは今年後半にニュージーランドで開催予定。古田選手とラベマイ選手がブランビーズで貴重な研《けん》鑽《さん》を積み、またしても世界を驚かせるような大活躍をしてくれることを期待しています。

33　ウクライナ情勢に対する豪州の対応

ウクライナ情勢が焦眉の急です。この便りを愛読いただいている日本の何人もの知人から、豪州の対応を問われました。そこで、今回は役人的に豪州の対応を時系列でまとめるのではなく、私の独断で、強く印象に残った点を三つほど述べたいと思います。

読みの鋭さ

第一は、情勢分析の鋭さです。ご多分に漏れず、キャンベラの外交関係者の間でも、ロシアによる侵攻前には、種々の予測が飛び交いました。侵攻を予測していた人々もいれば、「国境沿いの兵力集結はブラフ（威嚇）。ロシアが兄弟国であるウクライナに実際に兵を進めることはあるまい」との見立ても有力でした。そうした中で、キャンベラにあって、冷徹にプーチンの打つ手を分析・予測し、侵攻への警鐘を鳴らし続けた人たちが豪州政府内外の要路にはいたのです。むろん、ウクライナは豪州からも遠く離れています。豪州内のウクライナ人コミュニティー（約一万三千人）も米国やカナダに比べると、規模は小さい状況です。ロシア専門家の数も限られています。

しかしながら、インテリジェンス専門家の間では、豪州大陸の中央に位置するパインギャップの通信傍受施設が冷戦期に欠くべからざる重要な役割を果たしてきたことは周知の事実です。ファイブ・アイズ諸国間の連携も知られています。かつて外務省国際情報統括官であった私の経験に照らしても、豪州が果たし得る貢献は実に多岐にわたるのです。

迅速かつ果断な措置

第二に印象に残ったのは、豪州政府による制裁その他の措置のスピードと果断さです。

例えば、ロシアの一部銀行をＳＷＩＦＴ（国際銀行間通信協会）から排除するといった前例のない厳しい金融制裁措置を支持した時もそうですし、ウクライナを支援するために、致死性の兵器（総額：七千万豪ドル［注：約五十九億円］にのぼり、ミサイルと弾薬などが含まれる見込み）を供与するとの決定も迅速に行われました。

キャンベラにいると、「今、ウクライナは何を必要としているのか？」という議論がよく聞こえてきます。「通常の支援や、サイバーテロ防止のためのセミナーといった気の長い話ではなかろう。今すぐ使える対空砲であり、対戦車砲である」という会話なのです。

「尚武の国」のＤＮＡもあるでしょう。二十世紀の第一次大戦以来、米国の参戦したすべての戦争に米兵の横に立って銃を取って戦ってきた歴史もあります。イラク戦争時に、日本の自衛隊の警護を担ってくれた経緯も想起されます。

インド太平洋への波及に対する警戒感

モリソン首相、ダットン国防大臣らの公の場での発言を聞いていて印象的なのは、ウクライナで発生した武力による現状変更の試みがインド太平洋、特に台湾海峡で発生することがあってはならないとの強い思いと、そのための強力な働きかけです。

「ロシアを止められるのは中国。主権と領土の一体性を露骨に踏みにじる行為に対して、なぜ中国は声を上げないのか?」とのメッセージを繰り返し発しているのです。この点は、政権与党の保守連合だけに限られず、野党労働党の影の外相ウォン氏まで明確に発言しています。

クアッド（日豪米印）での発信

このような豪州の動きの特質を念頭に置いておくと、先日のクアッド首脳会議の後の声明の背景にあった論理や力学をよくご理解いただけるのではないでしょうか。

ちなみに、本二〇二二年前半には日本での対面での開催が予定されているクアッド首脳会議。種々の戦略的問題について豪州との連携がますます重要性を増しているのです。

キャンベラにいると巨視的な議論も聞かれます。その中には、「数十年後に歴史を振り返れば、二〇二二年はロシアがウクライナを永遠に失った年と記憶されるであろう」との指摘もあります。

遠く離れてはいるものの、そうであるがゆえに却って冷静に物事を観察できる、そういう土地柄なのかもしれません。

34 別離、そして出会い

外交官は、人と会うのが仕事です。ですので、出会いの機会は尽きません。同時に、悲しい別れも伴います。最近、短期間に身近な人が次々にこの世を去ることとなってしまいました。程度の差こそあれ、日豪関係にゆかりのある方々であり、衷心より弔意を表するとともに、ここに紹介させていただきます。

西郷輝彦さん

日本でも大きく報道されましたが、歌手・俳優の西郷輝彦さんが、二月二十日に旅立たれました。尊敬する私の友人でした。

昨年、前立腺がん治療のため、日本で認められていない治療法を受けるべくシドニーに来訪。数カ月にわたって豪州に滞在し、辛抱強く治療を続けられました。さらに、その合間を縫ってわざわざキャンベラまでお越しいただきました。大使公邸に泊まって歓談を重ねたのが、つい昨日のことのようです。

芸能界と外交の世界と、住む世界は全く違う私たちでしたが、趣味は共に読書。強烈に国を思う気持ちも、共有していました。私のナショナル・プレス・クラブでの講演やテレビインタビューを見るたび、「アジアの誇り」などと心温まる激励をくださる、良き先輩でもありました。「また、オーストラリアに来ます」と明るく爽《さわ》やかな笑顔を残して帰国の途につかれただけに、残念無念でなりません。明子夫人、お嬢様方に心よりお悔やみ申し上げます。

キンバリー・キッチング豪州連邦上院議員

悲報は突然訪れました。先週私がシドニーに出張している間に、テレビ画面にテロップが流れたのです。ビクトリア州で政治活動のために自分で車を運転して移動中に心臓発作で亡くなった由。暗澹たるショックを受けました。

私の着任後、間もなくのことでした。あるシンクタンクの夕食会でキンバリーと隣り合わせになりました。いきなり満面の笑みで、「あなたのことは友人のアンドリュー（シアラー国家情報庁長官）からよく聞いているわ」と声をかけてくれました。

労働党でありながらも、党派を越えた人望を有し、特に安全保障問題で確固とした見識を極めて率直に披露してくれる「座標軸を持った政治家」でした。同時に、ひとなつっこい笑顔を欠かさず、独特のチャームにあふれ、何よりも温かく細やかな気遣いを感じさせる人でした。

私を議会の公聴会に招待してくれたのも、彼女でした。先日のメルボルンでの会合が、何度も交わした意見交換の最後となってしまうとは！　五十二歳の若さでした。無限の可能性を秘めた政治家であっただけに、残念でなりません。

ご家族の方々にご冥福をお祈り申し上げます。

フランチェスカ・タルディオリ駐豪州イタリア大使

個性に富む大使が多いキャンベラの外交団の中にあっても、目立った存在でした。その彼女が休暇で一時帰国中に自宅アパートのバルコニーから転落し、亡くなってしまったのです。五十六歳でした。

イタリア人らしい陽気さと茶目っ気はもちろんのこと、気候変動問題などでは粘り強くロビーイングをする外交官でした。インド太平洋の戦略的問題の重要性を説く私とは、時にベクトルが一致しないこともありましたが、意見が違っても同僚として好感が持てました。

その彼女の知られざる一面を垣間見たことがあります。杉原千畝の映画上映会でのことでした。駆けつけてくれたフランチェスカは、上映が終わるや否や私に歩み寄り、真っ赤に目を腫らしながら、「シンゴ、凄く良かった」と言ってくれたのです。理に強いだけでなく、情に厚い外交官でした。合掌。

シドニーへ

何人ものオージーは、不幸に遭った時、「ライフ・ゴーズ・オン」（人生は、まだ先に続く）と口走ります。悲しみを噛みしめながら、前を向いて歩き続けようとする。そんな明るい言葉が私は大好きです。

訃報が相次ぐ中でのシドニー出張であっても、新たな出会いがありました。五年以上前に東京で会ったことのある有名シンクタンカーのトム・スウィツァーとアボット元首相主催の夕食会で再会。さっそく、彼がＡＢＣラジオで司会を務める人気時事番組のインタビューに応じることとなったのです。

百戦錬磨のシンクタンカーだけに、ウクライナや台湾の問題など、内角高めを突くような、きわどい質問が続きました。西郷輝彦さん伝授の腹式呼吸を忘れずに、キンバリーやフランチェスカならどう答えるだろうかと自問しながら応じていました。

まさに、ライフ・ゴーズ・オン。この世に残された者として、与えられた生を全うし、自分ならではの貢献を力の限り捧げていく。キャンベラに戻るバスの車窓から、どこまでも拡がる原野と青く突き抜ける空を見つめながら、そう誓っていました。

35　近づく選挙

豪州では、来る五月二十一日に連邦議会の選挙が行われます。「一体、どうなっているの？」という質問を日本にいる方々から受けることが多くなっています。今日は、その選挙の話です。

連邦議会

豪州は上院・下院の二院制度。上院は定員七十六名、任期六年、下院は定員百五十一名、任期は三年です。今回は、上院議員の半数、下院議員全員が改選されます。

■ 豪州連邦議会の2021年5月選挙前の勢力図

（出典：豪州連邦議会ホームページ）

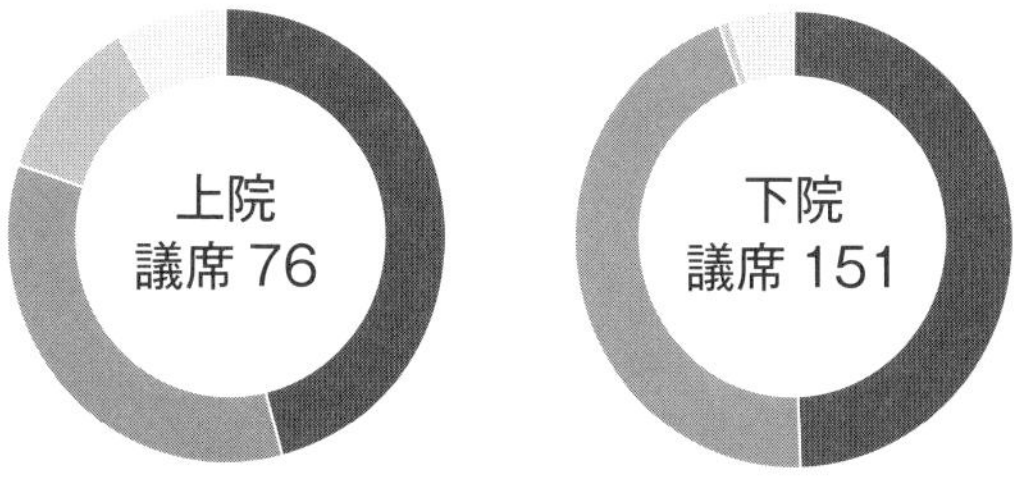

上院		下院
35	保守連合	75
26	労働党	68
9	グリーンズ	1
6	その他	7

現在の勢力図は、前頁の図表のとおり。特に、法案の先議権などで優先的地位を有し焦点となっている下院では、与党の保守連合（自由党・国民党）が七十五議席、野党の労働党が六十八議席（ただし、本選挙の選挙区割変更により、労働党が強いビクトリア州の選挙区が増えたため、実質六十九議席を保有）、残りは少数政党と無所属の議員です。労働党が勝つためには、七議席を上積みする必要があります。

選挙の争点

与党保守連合は二〇一三年から九年間にわたって政権（アボット、ターンブル、モリソン各首相）を維持し続けてきたので、当然のことながら、野党労働党としては「変化」を求める戦術になります。

野党側は、山火事、コロナ禍、洪水と相次いだ災害などとそれらへの対応、さらには生活費の高騰などによって蓄積してきた有権者の不満に訴え、モリソン首相への信任を問う立場です。対する与党側は、コロナ禍対応の実績をアピールし、特に、経済運営、中国への対応を始めとする国家安全保障問題への対応に当たって与党側に一日の長があることを強調する立場。リーダーの信任問題については、内外で諸課題に直面する現下にあっては、「未知の者よりも既知の者が優る」とのメッセージを出しています。

選挙戦の展開

世論調査（五月二日時点）によれば、与野党の二党間の選好では、与党支持が四十七パーセント、野党支持が五十三パーセントと野党が有利に進めています。与党のモリソン首相と野党のアルバニージー党首のどちらがリーダーとして適任かという問いかけに対しては、しばらくアルバニージー党首が優勢であったのに対し、最近の調査ではモリソン首相が盛り返し、モリソン首相を選好する割合は四十五パーセントで、アルバニージー党首に六ポイント差をつけています。

要は、野党有利であったところを与党が追い上げている状況。第一回のテレビ討論の結果では投票態度を決めていなかった人のうち、四十パーセントがアルバニージー党首に軍配を上げ、三十五パーセントがモリソン首相に、残りは態度未定となりました。第二回目の討論が五月八日夜に行われる予定です。

接戦が続いていますが、難しいのは選挙予測。日本と違ってすべての有権者に投票が義務づけられている（投票しないと、罰金を科されます）ため、浮動票の行方が益々重要になります。また、投票に当たっては、第一選好の候補だけでなく全候補者に優先順位を付す投票方式です。死票を少なくするためなのですが、このように第一選好票だけで勝負が決せられるわけではないことも、行方を占うことを難しくしています。

また、そもそも世論調査の正確性にも疑問が投げかけられています。三年前の選挙では、ほぼすべての選挙プロが野党の勝利を予想していたにも拘わらず、蓋を開けてみるとモリソン首相が政権を維持し、大きな驚きを呼びました。

行方

与党側・野党側の双方と話していると、三つの共通点に気づきます。

一つは、双方とも接戦を想定していること。二十前後の接戦区での勝敗が鍵を握ると見られています。

そして、どちらが勝つにしても、単独過半数に至らない、いわゆる「ハングパーラメント」になる可能性が高いとの見方が双方にあります。

最後に、政権の安定性、政策の一貫性の観点からは、ハングパーラメントが豪州にとって望ましくないとの認識です。

すでに選挙戦の火蓋は切られました。六週間に及ぶ長丁場。選挙戦初日に野党党首が失業率や政策金利を記者から問われた際に答えられず、大きな注目を集めました。さらには、同党首が先週、コロナ陽性と診断され、選挙戦の最中に自宅隔離を強いられ、話題を呼びました。

野党側は、豪州にとって太平洋の近隣島嶼国であるソロモンが中国と安全保障面での協力強化の協定に急遽署名したこと、インフレ傾向が顕著となり豪中銀による利上げが迫り、生活コスト増の懸念が増していることを問題視し、与党政権側のハンドリングを追及する姿勢です。

そうした中で、残りほぼ三週間になった選挙戦での双方の発言、対応の優劣が雌雄を決すると目されています。まさに、最後まで目が離せない状況です。

議員生活素描

それにつけても、豪州の連邦議員は激職。豪州の政治家と接するたび、その感を強くします。下院議員の任期は三年と短いため、しばしば選挙に直面します。また、後に述べるような事情もあります。すると、五十代半ばで、家庭生活への負担を訴えて政界を去る光景がしばしば見られるのです。

深化し続ける日豪関係を反映し、この一年半弱の間、日本大使公邸には、アボット元首相、スミス前下院議長、ウォレス現下院議長、ペイン外相、ダットン国防相を始めとする九人の現職閣僚、フォーセット外交委員会委員長、パターソン・インテリジェンス委員会委員長など、与野党を問わず多くの政治家にお越しいただき、じっくりと意見交換を重ねてきました。

基本的に、議員は議会閉会中には地元に戻ってしまうので、議員との公邸での会食は、彼らがキャンベラにいる議会会期中に行わざるを得ません。ところが、会期中は議会審議で夜八時までは拘束されることが多いので、夕食会は八時十五分スタートがパターン化。そうなると、終了時刻は十一時近くになってしまうことも珍しくありません。

その上、キャンベラには、議員用宿舎はありません。多くの議員は、家賃が高騰を続けている当地で、他の議員をルームメートとしてアパートでの共同生活。ベッドメークや洗濯の負担を考えてホテル暮らしをしている人もいます。

そう言えば、テレビドラマの名作「シークレット・シティ」に、こんな場面がありました。国防大臣の任にある政治家が、通学先でのトラブルを抱えて地元パースから訪ねてきた多感な高校生の息子に対し、「キャンベラでの生活は、仕事優先。『ピザとワインの生活』」と説き、キャンベラへの転校、父親との同居をあきらめさせるのです。消沈した息子は、パースに住む母親の元にとぼとぼと帰っていきました。何ともリアルで、胸が締め付けられました。

加えて、議員にとって大変であろうと察せられるのは、キャンベラと地元との頻繁な往復です。広大な豪州にあっては、膨大な距離を飛行機か自動車で移動する他はありません。かつ、小都市キャンベラからでは、直行便の行き先と本数は限られています。だからこそ、「新幹線を導入してキャンベラをシドニーやメルボルンとつなげれば、議員の地元との移動も楽になりますよ」と私は囁《ささや》いているのです（笑）。

日豪議員交流

日豪が共有する主要な価値は民主主義。豪州国民による選挙を経て構成される新政府、さらには立法府と、かつてなく良好で緊密な日豪関係を維持し、さらには強化するために協働していくことが楽しみです。

早速、二十四日には日本政府主催により、クアッド（日米豪印）の首脳会合が東京で開催予定です。

また、日豪間の議員交流を進めていくことも大きな課題です。日本側では逢沢一郎衆議院議員を会長とする日豪議連（昨年、顧問として麻生太郎元総理、安倍晋三元総理、甘利明元経産相が参加）、豪州側にはギレスピー地方保健大臣を会長とする豪日議員グループがあります。

コロナによる旅行制限が緩和され、豪州で新しい議会が発足した後には、議員間の交流がいっそう活発に再開されることを祈念しています。

36 躍動するガリバーたち

ついに、念願が叶いました。名にし負うオーストラリアンフットボール（ＡＦＬ）の試合をスタジアムで観戦できたのです。その報告をさせてください。

外務貿易省（DFAT）の粋な計らい

豪州人の友人に会うたびに聞かれてきたのが、「シンゴ、ＡＦＬの試合は見ただろうな?」という質問でした。

米国ならばＭＬＢ（野球）やＮＦＬ（アメリカンフットボール）、英国ならばプレミアリーグ（サッカー）に当たると言っても過言ではないでしょう。まさに豪州らしいスポーツの代表格。熱狂的なファンが多いスポーツでもあります。

嬉しいことに、キャンベラで行われた、シドニーのジャイ

観戦したキャンベラ市内の競技場「マヌカ・オーバル（卵形グラウンド）」

アンツ対ジーロング（ビクトリア州の都市）のキャッツの試合に招待されたのです。呼んでくれたのは、豪州外務貿易省の太平洋担当部局。何とも粋な計らいでした。

私のサイクリング仲間のフィジー大使、さらにはパプアニューギニアの大使や英国大使館員らと、期待に胸を膨らませてキャンベラ市内の「オーバル」（卵形グラウンド）に赴きました。

ＡＦＬとは？

オーストラリアンフットボールと言われても、ピンとこない日本の方が多いでしょうね。袖なしのユニフォームを着た屈強な男たちが走り回るサッカーとラグビーの中間のようなスポーツと言うと、「ああ、あれか」と思い当たる人もいるかもしれません。

私にとって初めての観戦でしたが、ルールは極めて簡単。キックかハンドボール（片手で持ったボールを、もう一方の手で押し出す形）でボールを繋ぎ、ゴールの高いポストの間を目指してボールを蹴り込む競技です。一ゴール六点で、得点の多さを競います。

一チーム二十二名のうち、グラウンドに出てプレーするのは十八名。総勢三十六名の選手が卵形のグラウンドに出てボールを奪い合うことになります。圧巻はキックされたボールをジャンプして奪い合う姿。飛び上がって相手チームの選手の肩に両膝を乗せ、ボールを奪うようなアクロバティックなプレーも見られます。

迫力満点

攻守の切り替えがめまぐるしく、得点が次々と入るので、なかなかゴールが決まらないサッカーの試合で感じるようなストレスはありません。また、舞い上がったボールを取り合う際の競り合い、そして膝上から肩まで認められている相手選手へのタックルなど、激しい接触プレーも迫力満点でした。

それにつけても、少し離れたスタンドから見ていても、選手の体格の図抜けた大きさは印象的。百八十五センチどころか、二メートルに届こうというような選手が、所狭しと走り回るのです。一試合で二十キロ走ることも珍しくないそうです。

選手にとっては、体が大きく接触に耐えるだけの頑強さが必要な上、機敏に走り回る敏捷性と長時間走り続ける持久力がないと務まりません。特に、ゴールを目指すだけでなく味方の間でボールを繋ぐためにもキックの正確性は重要。しかも、左右両足で決められなければなりません。また、アメフトと違って防具もないので、膝や肩の怪我はつきもの。

まさに、ここまでタフなスポーツは、まずないでしょう。観戦を堪能しながら、「ガリバーの競演（笑）！」と唸っていました。さらに言えば、豪州には女子リーグもあるのです。

地方色

リーグ優勝決定戦開催日のMCG（写真：一般社団法人日本オーストラリアンフットボール協会）

面白いのは、豪州の中でもＡＦＬが最も盛んなのはビクトリア州であること。英国植民地時代の一八五〇年代にリーグが結成され、その後、南豪州、西豪州、タスマニアなどの豪州南部地域で定着した由。

今はニューサウスウェールズ州やクイーンズランド州からも二チームずつＡＦＬに参加しています。でも、これらの州では、どちらかというとラグビーの方が主であるそうです。何と言ってもＡＦＬの主流は、十チームを出しているビクトリア州。このあたりの豪州各地方ならではの特色は、住んでみて初めて分かる話でもあります。

ビクトリア州の州都メルボルンにあるＡＦＬの聖地が、メルボルン・クリケットグラウンド（ＭＣＧ）。収容人員は何と十万人！　地鳴りのような大歓声に包まれながらガリバーたちがボールを奪い合って跳躍し、キックを競い合う姿が目に浮かびます。

スポーツ大国

日本から見ると、豪州は水泳大国、ラグビー強国とのイメージが強い国ですね。もちろん、東京五輪の水泳でもそうでしたが、素晴らしい成績も残しています。水泳については、「小さい頃から学校で学ぶので、豪州人に『金槌』はいない」との話も聞きました。

同時に、何人もの豪州人から、「夏のスポーツの華はクリケット。冬のスポーツの華はＡＦＬ」と聞かされました。実際に、体格に恵まれ、運動能力の高い子供たちは、こぞってＡＦＬに惹かれるとのことでした。日本で言えば、イチロー、大谷翔平など、記録と記憶に残る選手を輩出し続ける野球に当たるのでしょう。

それにしても、間近に見たＡＦＬの迫力の凄いこと！　これを見た誰しもが、「オーストラリア、恐るべし」と感じ入ること請け合いです。

そこで、素晴らしいホストとして懇切丁寧に説明をしてくれた豪州外務貿易省関係者に対し、「威圧や強迫に訴えてくる国の代表団をＡＦＬの試合に連れてくれば、考え直すのでは？」と提案しておきました。爆笑しながらも頷いていたその姿に、オージーの静かなプライドと、この国の逞《たくま》しさが漲っていました。

37 秋の夜長と弦の音

四月初めから冬時間に変わり、日の落ちるのがすっかり早くなったキャンベラ。そんな秋の夜長に心を癒やしてくれるのがクラシック音楽です。今日はオーストラリア室内管弦楽団（ACO）のコンサート体験記です。

文化砂漠？

長年の外交官生活を通じて自分なりに大事に育んできたのが、音楽への思いです。ニューヨークでの留学時代からリンカーンホールでのクラシック、グリニッジビレッジでのジャズは、決して欠かすことができない生活の一部でした。

ロンドン時代はロイヤルアルバートホールやカドガンホール、日本では軽井沢大賀ホールなど、通い詰めた贔屓《ひいき》のコンサートホールは少なくありません。ところが、これまで勤務してきた任地によっては、地元の人々自らが「文化砂漠」と自称し、良質のコンサートに恵まれない都市があります。私も外交官の端くれですので、名指しは控えます（笑）。

今回、豪州国立大学のルウェリンホールで行われたACOのコンサートに臨み、豪州がこうした面でも恵まれていることを再認識しました。

出会いは突然に

ACOのディレクターであるリチャード・トニエッティ氏とプリンシパルのバイオリン奏者であるサトゥー・ヴェンスケ女史とは、シドニーのパーティーで知り合いました。

共通の知人で日本でも広く活動しているビジネスマン、アルフ・ムファーリッジ氏主催の仮面パーティーでのことでした。出席の条件として「仮面をかぶってこい」と言われたので、仕方なく私は般若《はんにゃ》、家内は狐の仮面を被っていき、出迎えたアルフの爆笑を買いました。何のことはない、仮面を被っていない人も大勢いたのです。ジョン・ハワード元首相、トニー・アボット元首相など、仮面を被ろうが被るまいが身元が一目瞭然の名士が並み居る壮観なパーティーでした。

そのパーティーでリチャードとサトゥーは、バイオリンの協奏で座を大いに盛り上げてくれたのです。聞けば、リチャードはニセコの常連、フィンランド出身のサトゥーは宣教師の父親に同行して日本で暮らしていたとの縁を発見。その彼らがキャンベラに来て行うコンサートに招待してくれたので、胸を膨らませて向かいました。

大盛況

案内をしてくれたＡＣＯのキャメロン・フレーザー事務局長（ＣＯＯ）によれば、シドニーを本拠地とするＡＣＯは十七人の楽団員で構成され、シドニーのみならず豪州各地でコンサート。日本でも何度も演奏したそうで、今年はベルリン公演が控えている由。

今回はモーツァルトとブリテンの楽曲を演奏。キャンベラで演奏した後には、メルボルン、アデレード、パース各都市をコンサートツアーで回るとのことでした。

久しぶりのクラシック音楽コンサートを堪能しました。ＬＰプレーヤーとＪＢＬスピーカーを聞き慣れ、音質にはそれなりに拘る私ですが、やはり生オケは最高。優しくも深みある弦の音が奏でる典雅なモーツァルトは、秋の夜の静寂《しじま》と私の心を明るく埋め尽くしてくれました。

面白かったのは、ルウェリンホールの作り。ホール中央を含め、両脇を除いて通路がないのです。シドニーのオペラハウスもそうですが、豪州のコンサートホールにはよくある構造です。すると、一列五十席以上、通路に遮《さえぎ》られることなく座席が続きます。座る方の観客は他の観客を立たせないと自席にたどり着けないので大変ですが、舞台上の演奏者から見ると観客に埋め尽くされた客席はさぞかし壮観でしょう。

後藤和子《あいこ》さん

ＡＣＯで長年活躍してきたバイオリン奏者に日本出身の後藤和子さんがいます。豪州在住の邦人の間でもファンが多い存在です。今回後藤さんの活躍ぶりを目の当たりにしました。小柄な体

大使公邸での後藤和子さんとACOメンバーのチャリティーコンサートの様子

を揺らしながら奏でる彼女のバイオリン。体全体からエネルギーが漲っているのと、弦の音の素晴らしいこと。そして、演奏中の表情の豊かさ、ことに笑顔の優しさに魅了されました。

演奏後、ご挨拶に行きました。桐朋学園音大出身でニューヨークのジュリアード音楽院留学との こと。桐朋学園とニューヨーク留学という私との共通点を発見し、何とも嬉しく、実に心強く思いました。

八月には後藤さんにキャンベラの大使公邸にお越しいただき、演奏をしていただく予定です。あのエネルギッシュな演奏を実際に見た今、益々楽しみです。

38 アルバニージー首相訪日

五月末、首相に就任して間もないアルバニージー首相が新任のウォン外相に伴われて日本を訪問しました。私もそれに先立って帰国し、受け入れに関わりました。

豪州連邦議会選挙の結末

豪州選挙の様子については、「35 近づく選挙」の項（本書I77頁）で説明しましたが、その後、五月二十一日（土）に投票が行われ、本稿の執筆時点でも開票作業が引き続き行われています。というのも、投票には主として、①二十一日に投票所で投じられた票、②期日前に投票所で投じられた票、③地方在住・海外在留豪州人から寄せられた郵便投票から成り、特に郵便投票の集計作業に時間を要しているためです。

豪州選挙管理委員会の発表によれば、現時点（五月三十一日）の「優勢」候補者は、下院総議席数百五十一のうち、労働党が過半数の七十七議席、保守連合は五十八議席（自由党二十七議席、クイーンズランド州自由国民党二十一議席、国民党十議席）、グリーンズは四議席、無所属が十議席（うち、環

日米豪印首脳会合
（写真：首相官邸ホームページ　https：//www.kantei.go.jp/quad-leaders-meeting-tokyo2022/index_j.html）

境保護重視のいわゆる「ティール・インディペンデント」は九議席）となっています。

労働党が下院で単独過半数となる議席を獲得し、労働党政権が発足した次第です。

就任直後の大仕事

労働党のアルバニージー党首が総督公邸に呼び込まれて首相就任式を行ったのは、二十三日（月）午前のことでした。その後、間髪を容れずにアルバニージー新首相、ウォン新外相は軍用機で日本に向けて飛び立ちました。

というのも、昨年九月にアメリカ合衆国ワシントンで開催されたクアッド（日米豪印）首脳会合に続き、二回目の対面での首脳会合が東京で開催されることとなっていたからです。

もちろん、選挙前から、こうした外交日程は、私を含む日本政府関係者から保守連合、労働党双方にそれぞれ説明し、出席を促していました。それに対して、いずれの側からも、選挙に勝利した暁には是非出席したいとの意向が示されていたのです。

そうはいっても、選挙後僅か二日後の出発。六週間に及ぶ大接戦の選挙キャンペーンを戦い抜いた上での訪日ですから、日程管理上は「悪夢」と称されていました。肉体的・精神的に大変な強行軍であったことは間違いありません。

したがって、二十三日（月）夜九時、羽田空港に豪州軍の首相専用機が凛々《りり》しい姿を見せ、機内から出てきたアルバニージー首相がタラップの上で大きく手を振る姿を見た時、小田原潔外務副大臣と共に出迎えに赴いた私には、感慨深いものがありました。同首相にとっては何度目かの訪日になるので、私から、「ようこそ日本に再びお越しくださいました（Welcome back, Prime Minister.）」と申し上げたところ、満面の笑みで深く頷かれたのが印象的でした（口絵1-1）。

クアッド首脳会合

訪日の最大の目的は、前述のとおり、クアッド首脳会合への出席でした。モディ首相、バイデン大統領、岸田総理といった経験豊富な常連が出席する中でアルバニージー新首相の反応が注目を集めました。

そして、首脳会合での発言の冒頭、「豪州では政権は変わったものの、クアッドに対する豪州の関与（コミットメント）は変わらなかったし、今後も変わることはない」と明言。各国の関係者を納得させる上で、これほど効果的な発言はないと受け止められました。

日豪首脳会談

その後に行われた日豪首脳会談には、私も同席しました。最初の二十分近くは、首脳同士が差しで、通訳だけが同席する形で実施。その後、同席者も加わって、全体会合が一時間近くにわたって行われました。

喫緊の課題であるロシアのウクライナ侵略は国際秩序の根幹を揺るがす事態との認識の下、これを厳しく非難し、インド太平洋で同じようなことを決して起こさせてはならないという点で一致しました。また、

① 安全保障・防衛分野と経済分野の協力の深化（一月に両国の首脳が署名した日豪円滑化協定の早期発効、新たな安全保障協力に関する首脳宣言の発出、経済威圧への対応に当たっての連携、前日に立ち上げられた「インド太平洋地域経済枠組み［IPEF］」を通じての協力など）、

② インド太平洋地域の平和と繁栄に貢献するための日米豪印を含む同盟国・同志国との更なる連携（AUKUS［豪州、英国、米国の三国による新たな安全保障パートナーシップ］支持、中国・ソロモン安全保障協力に関する協定についての連携）、

③ 気候変動などのグローバルな課題についての協力（水素・アンモニア、エネルギーサプライチェーンの強化、核なき世界の実現、国連安保理改革）、

の三つの柱を基礎として日豪が緊密に連携していくことが確認されました。

この関連で興味深かったのは、アルバジーニー首相自らが、高速鉄道への関心の高さを開陳し、日本の新幹線に言及されたことです。新たな日豪協力の対象となるならば、こんな素晴らしい話はないでしょう。

これらだけでなく、東シナ海、南シナ海、北朝鮮などの地域情勢を含めて両首脳の話がかみ合っていたことは間違いありません。首脳会談が終わるや否や、私の対面に座っていた旧知の豪州政府高官が親指を立てるポーズをしてきたことに、象徴されていました。

見送り

二十五日（水）早朝、三宅伸吾外務大臣政務官と共に羽田空港に見送りに行きました。アルバニージー首相にとって就任直後の極めて強行軍の訪日でしたが、ご本人の表情からは、やるべきことは成し遂げたとの達成感がうかがえました。

日本開催のクアッド（日米豪印）会合を活用しつつ、岸田首相のみならず、バイデン米国大統領、モディ印首相とも首脳間の関係構築に役立てていただくことができたようです。マスコミの報道ぶりも、大成功と呼んで差し支えないほどでした。

来年は豪州がこのクアッド首脳会合を主催する予定です。また、アルバニージー首相からの招請に応えて、今年後半には岸田首相の豪州訪問が実現することが期待されます。

三宅外務大臣政務官（右）と共にアルバニージー首相一行をお見送りする筆者

こうした頻繁なトップ同士の行き来を通じて、日豪関係がさらなる高みに引き上げられていくことが楽しみです。

39 クイーンズランド・ドリーミング

着任後一年半近くとなり、六州と北部準州のすべてに二回ずつ足を運ぶことができました。キャンベラの同僚大使が茫然とするハイペースです。六月中旬からは、いよいよ豪州巡り第三ラウンドに突入。その筆頭がクイーンズランド（QLD）州でした。

サンシャインステート

QLD州の愛称は、サンシャインステート。真冬でも陽光が燦々と輝き、最高気温が二十度を下回らないことで知られています。今年のキャンベラは異常な寒さで、朝晩は零下を下回る日が続出。先日は、最低気温がマイナス四・五度を記録しました。

冬のキャンベラは、基本的に快晴が続きます。ママス&パパスが唄ったように、「木の葉はすべて枯れ果てて茶色、空はどんよりと灰色」というほど酷《ひど》くないのですが、これほど寒いと温暖な日だまりが恋しくなるのが人情。足は自然とQLD州に向かいました。今回は、州都ブリスベンと、豪州六番目の六十三万余の人口を数えるゴールドコースト（GC）に行ってきました。

日本とのつながり

ブリスベンでは、まず豪日協会とクイーンズランド日本商工会議所の招待を受け、ＱＬＤ州を巡る日豪関係の現状と展望について講演をしました。

長年にわたりＱＬＤ州は砂糖、牛肉、石炭などを日本に輸出し、日本から自動車、機械類を輸入するという典型的な補完的貿易関係が築かれてきました。近年は、ＱＬＤ州にとって日本は二番目の貿易パートナーでしたが、今年四月に終わる一年間の数字を見ると、日本が最大の輸出先に。まさに「共に成長してきた」関係なのです。

コマツの流通センターを往訪して感じたのは、ＱＬＤ州の炭鉱開発は、日本の商社による資本投入、エネルギー会社による長期にわたる持続的購入、建機会社による創意工夫なくして、ここまで成長しなかっただろうということです。人間の背丈を遥かに上回る巨大なタイヤを擁するトラックが電子的に集中制御・運用されている有様を目の当たりにし、「ものづくり日本」のプライドと時代の変化への柔軟な対応力を実感しました。

ゴールドコーストの不動産視察

今回の出張で楽しみにしていたことの一つが、ＧＣの不動産物件視察。というのも、二〇二一年三月の前回出張時に、ＧＣ日本商工会議所の砂川盛作会頭や地元の豪州人政治家から、「ＧＣ

高層階から見下ろすGCの街並み

GC日本商工会議所の砂川会頭(右)と

の高級ホテル、名門ゴルフ場、高級マリーナという三つの基盤的インフラは、すべて日本企業がまさに巨額を投じて短期間で一気に作った」とのお話をうかがっていたからです。

その砂川さんのご案内で、バブル期に日系企業が大規模開発したサンクチュアリー・コーブ・リゾートやホープ・アイランド・リゾートを視察。さらには最近話題のホテル・コンドミニアムであるザ・スター・レジデンスを見学。その上で、サーファーズパラダイスのスカイポイント展望台に一気に駆け上りました。四十キロ以上も続く白砂の広大なビーチと、真っ青な空に突き抜けるように聳《そび》え立つ摩天楼のホテルやコンドミニアム群に息を飲みました。

高層階から見下ろすGCの街並みは、木々の緑と空、大海原そして入り江の青が織りなす目映《まばゆ》いばかりのコントラスト。スプリンクラーの水が滴るゴルフ場とラグジュアリーボートが悠然と停泊するマリーナが屏風絵のごとく展開。オーストラリアの底知れない富の力と、ゆとり溢れる生活の質の高さに圧倒されました。GCが放つ魅力と引力には、見る者誰しもが取り憑かれることでしょう。

元はと言えば、私はハワイ派で、若い頃はマウイ島へのリピーターでした。でも、今回じっくりとGCを視察してみて、一年間で晴天日が三百日に達する温暖な気候、インフラの充実、治安、食事の質の高さ、オージーの素朴で明るい包容力に接するにつれ、太平洋の遥か東方から上る朝日を全身に浴びながら、あの遠浅の砂浜をどこまでも歩いてみたいという衝動に駆られました。ガンメタ色の東京のオフィスなど忘れ去りたい方にとっては、格好の休暇やセミリタイアメントの地でしょう。

インフラといえば、GCを南北に繋ぐライトレール（路面電車）の敷設を支えているのが丸紅です。試乗しましたが、その清潔度、安全性、信頼性は、日本企業ならではの豊富な経験とあくなき緻密さに裏付けられていることがよく分かりました。車両内にサーフボード用のラックがあるのは、GCならではのご愛嬌。GC空港までの延伸が待たれます。

もう一つ心強いのは、日本の住宅メーカー（ミサワホーム）も進出していること。地元の住宅販売メーカーであるホームコープの株式を五十一パーセント取得し、住宅建設を倍増させています。安心して信頼できる快適な住宅に加え、やがては豪州人に温水洗浄便座などの日本が誇る清潔、癒やしも届けてほしいものです。

こうして見てくると、日本の多くの芸能人がGCに「隠れ家」を持っているとの話も納得がいきます。誰と誰ですかって？　もちろん、元インテリジェンス担当局長としては、地元の情報通

学生たちの願い事と署名が入った手作りの絵馬

ロビーナ高校の学生たち

からたっぷりと仕入れましたが、それは秘密です！（笑）

日本語熱

これほど日本との関係が密なＱＬＤなので、日本語学習熱も盛んです。豪州は人口当たりの日本語学習者が世界で一番多い国ですが、学習者の三分の一がＱＬＤ州にいるのです。

ＧＣ郊外のロビーナ高校を訪れましたが、日本語学習が盛んな同校ならではの「おはようございます」という実にきびきびとした挨拶と太鼓演奏での歓待に感激しました。制服姿のオージーの高校生たちが一列に並び、お辞儀までして私たち一行を出迎えてくれた姿を見た時、四十余年前の斜に構えた自分の高校生ぶりが思い起こされ、誠に新鮮に感じました。

こうした日本への関心が底流にあるからでしょう。ブリスベンにある近代美術館では、塩田千春さんによる特別展覧会が六月から十月まで開催されます。開催直前のお忙しい時期に応援に駆けつけたにもかかわらず、数々の作品を丁寧に説明してくださいました。東京の森美術館でも六十六万人の鑑賞者を集めた塩田さん。糸をふんだんに使いながら、鑑賞者の記憶と想像を刺激する独自の世界をクリエイトした作品は、スペースに恵まれているブリスベンの地でこそ、さらに味わいと深みを増すことでしょう。

日豪を繋ぐ野球

豪州では野球人口は決して多くありません。それでも、豪州出身の大リーガーは、三十六人に達する由。さすがは、スポーツ大国です。そういえば、阪神タイガースで活躍したジェフ・ウィリアムス投手も豪州人でした。

そこで、米国カリフォルニアで育ち、神戸製鋼でラガーとして活躍し、野球とラグビーの双方に詳しい弁護士のイアン・ウィリアムズ氏に招かれ、じっくり野球談義をしてきました。今年の十一月には豪州代表が札幌に赴き、侍ジャパンと一戦交えます。来春には、日本開催のワールドベースボールクラシックに豪州代表が参加します。

視察したロビーナ高校にも、野球選手を養成するベースボールアカデミーがありました。篤志家のデニー丸山氏が

オーストラリア野球連盟のイアン・ウィリアムズ取締役（右）とグレン・ウィリアムズ最高経営責任者（左）と筆者

寄付した「フィールドオブドリームズ」と称すべき芝生の球場で練習し、日本の強豪校・浦和学院や土浦日大とも交流を重ねています。オージーの球児にとっても、「甲子園」は憧れの的とうかがいました。

オリンピックの野球では、日本が豪州に苦杯をなめたこともあります。先週、日本の後を追って豪州もワールドカップ出場が決まったサッカーに加えて、野球でも日豪が切磋《せっさ》琢磨《たくま》する日々が楽しみです。

40 スタバのない街

六月下旬、再度メルボルンに出張してきました。世界の大都市と比べて際立つのは、「スターバックス」が見当たらないこと。というのも、メルボルンっ子（英語でMELBOURNIAN。「メルブニアン」と発音しないと、通とは認められません）曰く、「世界のコーヒーの首都」。地場のコーヒーこそ、自慢なのです。

三巡目の深み

メルブニアン自慢の味わい深いフラットホワイトを啜《すす》りながら、少し思案しました。フラットホワイト（Flat White）とは聞きなれない言葉でしょうが、これは南半球、そうオーストラリアで最もポピュラーなコーヒー。エスプレッソにミルクを合わせたドリンク。きめ細かなスチームミルクを使うのが特徴で、表面にはエスプレッソのクレマが浮かびます。そのため、ミルクをたっぷりと使いながらも、エスプレッソの濃厚なコクや苦みをひと口目からしっかり感じることができるのです。

さて、豪州大陸回りも三周目になると、同じことの繰り返しでは駄目。型どおりの表敬訪問は卒業し、「深掘り」して違いを出していかなければ、匠の世界には入れません。着任以来営々と築き上げてきた人脈と信頼関係を土台として、一段階上の情報収集と対外発信へ。これが今回の出張のテーマでした。

要人へのアクセス

前回の出張時に先方オフィスを訪問してお会いしたビクトリア州のアンドリュース州知事を島田順二メルボルン総領事の公邸にお招きし、夕食を共にしながらじっくりと意見交換をすることができました。

島田総領事は外務省で私の一年後輩にあたりますが、三十五年以上前のアメリカ留学時代から互いによく知った仲で、条約課長の後任。私がインテリジェンス担当の局長をした時には強力な右腕として支えてくれた、昭和六十年入省組切っての俊秀です。

その島田総領事夫妻の素晴らしい発案で、アンドリュース夫妻を日本一色の中にお迎えしました。まずは、メルボルン在住のプロの箏奏者ブランドン・リーさんと、三人のアンサンブルメンバー（谷口舞さん、シェパード千恵美さん、大行瑞穂さん）による箏の連弾《つれびき》で歓待。大津公邸料理人の手による極上の和食を堪能していただいた後、国産シングルモルトウイスキーの「山崎」を味わいながら島田夫人による巻き藁《わら》を的としての弓道の実演を鑑賞。鋭い音を立てて弦から放たれ、公邸のフォイヤー（休息スペース）の静寂を切り裂き、的を射る矢。歓声を上げる出席者一同。ワォーという表情のアンドリュース夫人に対し、「日本の家庭では、夫人は総理大臣、財務大臣だけでなく、防衛大臣の役目も果たすのです」などと申し上げたら、深く頷いておられました。これぞ、大八洲《おおやしま》の抑止力！（笑）

アンドリュース夫妻とは、次回はキャンベラの公邸でお会いすることとしています。遠くない時期に、再び日本を訪日されることを期待しています。

アンドリュース・ビクトリア州知事夫妻を箏の音で歓待

有識者との知的スパーリング

豪州滞在が長くなるにつれて、深みを増して来つつあるのが有識者とのやりとりです。

今回は、豪州最大の発行部数を誇る高級紙「オーストラリアン」の看板コラムニストとして長年活躍してきたグレッグ・シェリダン氏と突っ込んだ意見交換をしました。互いに共通の知人を有し、面談を重ねてきた関係です。日豪関係はもちろんのこと、ウクライナ、台湾情勢、豪州内政と話題は多岐にわたり、私の方こそ学ぶことが圧倒的に多いやりとりでした。

豪州知識人特有の日本への温かみと懐の深さを感じさせる見識、そして人柄。次にお会いするのが非常に楽しみです。

日本企業支援

豪州の都市のどこに行こうとも応援することとしているのが、ビジネスの最前線で日夜努力を重ねておられる日本企業の方々です。今回は、二社を訪問しました。

まずは、ヤクルト。

メルボルン工場では、一日に三十八〜四十万本を生産し、豪州全土だけでなく、ニュージーランドでも販売しているとのことでした。キャンベラのスーパーでも必ずヤクルトが店頭に置いてあるのは、「胃腸が弱い男」（ちあきなおみの珠玉の名曲「ねえあんた」から）の私には、ありがたい限りです。

ついつい、ずっと聞きたかった二つの質問を、大野謙二社長はじめ対応に当たられた、オーストラリアヤクルトの方々に聞いてしまいました。

問一：『ヤクルト』という名前の由来は？

問二：一本では少ないと感じたとき、二本、三本飲んだ方が効果はあるのでしょうか？

問一の答えは、ヨーグルトを指すエスペラント語（世界共通語として考案された言語）の「ヤフルト」

リンナイ訪問

ヤクルト訪問

に由来する由。問二の答えは、沢山飲むより継続して飲むことが大事だそうです。つくづく良心的な優良企業だと思いました（笑）。

もう一社は、リンナイ。

リンナイオーストラリアは一九七一年設立。五百五十名の従業員を雇用し、売り上げは四億豪ドル。今回は水素百パーセント燃焼の給湯器の発表会と重なりました。

燃焼したときに二酸化炭素を一切排出しない給湯器で、脱炭素化社会の実現を大きく前進させるものです。ビクトリア州では、ラトローブバレーの褐炭田から水素を製造し、日本まで運ぶべく日本企業連合軍が取り組んでいることは、以前ご紹介したとおりです。そうした大きな時代の流れに沿った時宜を得たイニシアティブだと感じ入りました。

ビクトリア州政府からも、ダンブロシオ環境大臣が披露式に出席。給湯器の温水シャワーが待ち遠しくなるような寒風の中、お祝いをしました。

対外発信

豪州での日本の存在感を引き上げるべく、地方出張のたびに講演かマスコミとのインタビューを入れるようにしています。今回はメルボルンを代表するシンクタンク「メルボルン大学アジアリンク」の昼食会で講演をしてきました。

聴衆の多くがメルボルン在住の財界人。そこで、今後の日本とビクトリア州との経済関係などに焦点を当て、忌憚《きたん》のない意見交換をしてきました。

それにつけても、緑豊かなメルボルンの市街を一望の下に見下ろすハーバート・スミス・フリーヒルズ社の会議室で行われた会合。メルボルンっ子が大好きなオーストラリアンフットボール（AFL）の話に始まって、日豪関係、水素、高速鉄道、観光まで幅広くカバー。別に栄華の巷《ちまた》を低く見たわけではありませんが、気宇壮大な話が尽きることはありませんでした。

メルボルン、何度でも来たくなる街です。

メルボルン大学アジアリンクでの講演（写真：アジアリンク）

41 盟友

安倍晋三元総理が白昼選挙演説中に凶弾に倒れ落命するという極めて痛ましい事件に関し、これが豪州の地でどのように受け止められたのか、日本の方々から照会を受けました。そこで、今回はそのご報告です。

「豪州の真の友人」

七月八日、事件の発生がマスコミで報じられるとほぼ同時に、アボット元首相やモリソン前首相をはじめ豪州の各界要人から私の携帯に続々と電話、メールで安倍元総理に対するお見舞いと共に、容態を気遣う照会が寄せられました。

懸命の治療も空しく死去されると間もなく、アルバニー

弔問記帳に訪れたアルバニージー首相
（写真：豪州首相オフィス）

ハーレー連邦総督も記帳のためご来訪

アルバニージー首相とウォン外相と大使公邸にて
（写真：豪州首相オフィス）

ジー首相は記者会見を開き、「日本は真の愛国者、真のリーダーを失い、豪州は真の友を失った」と痛切の表情で弔意を表明されました。

各界からの弔意表明

翌週十一日朝には、キャンベラの日本大使館で弔問記帳の受付を開始。真っ先に駆けつけてくれたのは、日本大使ポストから帰朝して外務貿易省次官に就任したばかりのジャン・アダムズ次官でした。

昼前には、アルバニージー首相がウォン外相と連れだって来訪し、丁重に記帳をしてくださいました。むろん記帳受付は世界各国に所在する日本の在外公館で行われましたが、任国の首相と外相が揃って大使館で記帳されたのは豪州だけだったと承知しています。

翌十二日には、ハーレー連邦総督夫妻が記帳にお越しになりました。加えて、米国出張中のマールズ副首相兼国防大臣は、ワシントンの日本大使館にわざわざ来訪し記帳してくれたのです。

こうしたお悔やみの気持ちは政治家だけでなく、財界人、官僚、ジャーナリスト、シンクタンク関係者、一般市民など、豪州の各界・各層の方々から寄せられました。いくつもの美しい花束が心温まるメッセージと併せて、豪州全土から日本の大使館、総領事館に続々と届けられた有様を目の当たりにし、心打たれました。

日豪関係への功績

ここまで深い哀悼の意と共感が表明された背景には、長年政権にあって各国リーダーと親交を結んできた安倍元総理の知名度だけではなく、日豪関係への多大な貢献に対する評価と敬意があります。

長らく貿易・投資のつながりが主であった日豪関係を「特別な戦略的パートナーシップ」に引き上げたと評されているのが、最たるものです。自衛隊と豪州国防軍との共同訓練や南シナ海の巡航などが頻繁に行われるようになり、本年一月に岸田総理とモリソン首相によって署名された日豪円滑化協定（ＲＡＡ）の交渉を開始したのも、安倍政権でした。

また、経済面では日豪経済連携協定が発効し、貿易・投資自由化の成果を積み重ねてきました。さらには、環太平洋パートナーシップ（ＴＰＰ）の批准、実施に向けて豪州と緊密に協力を重ね、関係国を牽引してきた経緯があります。

クアッド（日米豪印）も、安倍元総理のイニシアティブとして豪州で高く評価されています。

二つの里程標（マイルストーン）

近年の日豪関係の急速な進展を振り返るにつれ、両国の関係者の記憶に鮮明に残っている出来事の一つが、二〇一四年にキャンベラの豪州議会両院で行われた安倍総理の歴史的演説でしょう。当時のアボット首相の計らいで実現し、日本の総理大臣として初めてのことでした。

その四年後の二〇一八年には、これも日本の総理として初めてダーウィンを訪問。大東亜戦争中の一九四二年に日本軍のたび重なる空襲に見舞われた地において、モリソン首相（当時）と並んで献花を行ったのです。戦後長年かけて達成されてきた日豪間の和解を、まさに象徴する行為でした。

今回の逝去を受けて、豪州のテレビ、ラジオ、新聞から数々のインタビュー依頼が私に寄せられました。それらのインタビューでは、こうした功績、里程標を説明しておきました。

アボット首相という盟友の存在

しかしながら、日豪関係の進展にせよ、クアッドの発足にせよ、個々のイニシアティブが実りあるものとなるためには、相手の協力が不可欠です。外交の世界でしばしば「タンゴは一人では踊れない」（It takes two to tango.）と称される所以《ゆえん》です。

安倍政権時代、相手方の豪州の首相はハワード氏、アボット氏、ターンブル氏、そしてモリソン氏と変わりました。いずれの首相とも良好な協力関係が築かれてきたこと自体、特筆に値します。中でも印象的だったのは、アボット首相との気の合った二人三脚ぶりでした。

そのアボット首相は、日豪関係に対する功績を表彰され、本年春の叙勲で旭日大綬章を受章されたのです。その伝達式をキャンベラの大使公邸で十四日に行う予定となっていた矢先に、なんと安倍元総理銃撃事件が発生してしまったのです。

アボット首相と安倍晋三総理
（写真：首相官邸ホームページ https://warp.ndl.go.jp/info:ndljp/pid/11693704/www.kantei.go.jp/jp/96_abe/actions/201407/08_australia.html）

叙勲伝達式

アボット氏本人や東京の関係者とも相談し、悲惨な事件が起きた直後であるからこそ、こうした卑劣な行為に屈しないためにも予定どおり伝達式を行うこととなりました。また、盟友トニーのために安倍元総理が生前に録画していたビデオメッセージも、伝達式会場で放映することとなりました。これまでの親交を振り返り、心からの祝意を伝えるパーソナルタッチ溢れる動画。これを見た会場の何人もの方々の目が潤んでいたのは、自然なことでした。

伝達式には、キャンベラ訪問中の金子恭之《やすし》総務大臣も出席され、乾杯の音頭をとっていただきました。在外公館で行う叙勲伝達式に日本の閣僚が出席することは極めて稀です。金子大臣のご出席は、アボット元首相をはじめとする豪州側出席者から、日豪関係のさらなる強化に対する岸田政権の熱意を示すものとして大歓迎されました。

アボット氏のご母堂、令夫人、姉妹、友人、同僚たちに囲まれた伝達式は、誠に和やかで温かい雰囲気が漲り、夜が更けるまで続きました。思わずアボット氏が「晋三のスピリットが漂っている」と評したほどでした。ウイスキー「響」のグラスを傾けながら、ラウンジを埋め尽くした仲間たちがトニーと共に「マイウェイ」を合唱したことなど、ほのぼのとした思い出として語り継がれるでしょう。

日本から金子総務大臣（中央）も叙勲伝達式にご出席

平常心で（ビジネス・アズ・ユージュアル）

先週豪州を訪問された日本の閣僚は金子大臣だけではありませんでした。萩生田《はぎうだ》光一経産大臣がシドニーで開催されたシドニー・エネルギー・フォーラムに招かれ、講演。その機会を活用して、クアッド・エネルギー大臣会合に出席。新任の豪州政府キング資源大臣、ボーエン気候変動・エネルギー大臣との会談には、私も同席しました。

奈良での凶悪事件の直後であっただけに、豪州政府関係者の間では、両大臣の豪州訪問ともキャンセルになってもやむを得ないとの受け止めがあったと聞かされました。であるだけに、こうした状況に萎縮することなく両大臣が訪問を実施し、豪州との関係を前に進めるべく特段の意を用いられたことに対し、高い評価が寄せられました。

42 二都物語

オーストラリアを代表する二大都市は、シドニーとメルボルン。人工都市のキャンベラを首都としたのは、シドニーとメルボルンとの間で強力な綱引きがあったからというのは、誰しもが聞かされてきた話です。今日は、その二つの町の魅力を検証してみようと思います。

頻繁な訪問

キャンベラで大使をしていると、シドニーとメルボルンにはしばしば赴く必要に駆られます。というのも、会うべき政治家、財界人、学者、シンクタンカー、ジャーナリストや文化人の多くが、この二つの大都市のいずれかを拠点にしていることが多いからです。海外からの参加者を集めた国際会議が行われることも少なくありません。

着任以来一年半余りになりますが、シドニーには十五回近く、メルボルンにも十回近く出張しました。いつもは、どちらかへの出張だったのですが、最近初めて、メルボルン、シドニーの両都市を相次いで訪れる機会がありました。一気通貫だと、自ずと比較したくなるものです。

■ メルボルン・キャンベラ・シドニー間

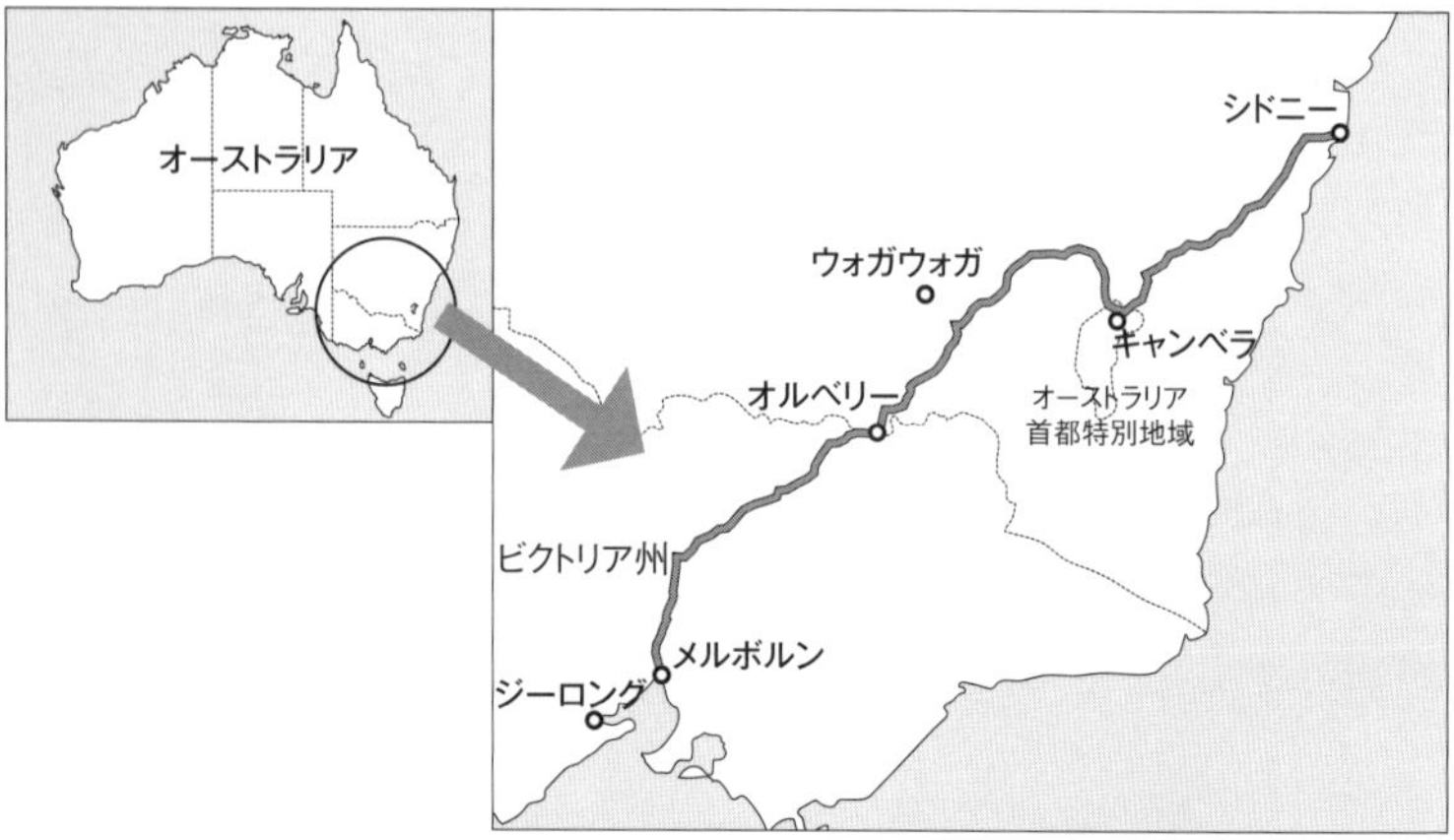

距離

まずは位置関係。キャンベラ・シドニー間は車で約二百八十キロ。日本で言えば、東海道新幹線で東京から西に進んで、名古屋手前の豊橋あたりの距離です。キャンベラ・メルボルンは車で六百五十キロ強。キャンベラを豊橋とすれば、そこから広島あたりまでの距離になります。

こうなると、キャンベラからシドニーに行く際は車（約三時間）か飛行機（約一時間）になります。メルボルンに行く際には車（約七〜八時間）では時間がかかりすぎるので、飛行機（約一時間）が主になります。

両都市とも豪州の空の玄関口。日本からも直行便が乗り入れています。どうしても便数が多く、キャンベラにより近いシドニーに行く回数が多くなりがちです。日本からの来訪者も、便数に優るシドニーの方が多いようです。

在留邦人では、シドニーが三万三千人強、メルボルンが二万四千人強との数字があります。

美港

そんな中でシドニーの魅力をひと言で言えば、シドニー湾に尽きるでしょう（口絵6―1）。キャンベラから初めて訪れた際に強く印象に残ったのは、シドニー湾の光輝く青さでした。小学生の頃、世界三大美港はシドニー、サンフランシスコ、リオデジャネイロと暗記させられました。その後、三つの港町を訪れる機会を得、いまシドニー湾に癒やしを求める生活を送っていると、どうしてもシドニーに軍配を上げたくなります。

先日、豪州人のお勧めに従い、サーキュラーキーという一番賑やかな埠頭から水上タクシーに飛び乗り、湾内の別の入り江にあるレストランまで乗り付けたことがあります。水上から眺める中心街の高層ビルとその夜景の煌めき、そしてモーターボートが勢いよく蹴立てる波の音。何とも贅沢な境地でした。

別の機会には、シドニーサイダー（シドニーっ子）のお薦めに従い、名所のハーバーブリッジに上ってみました。命綱をつけて橋の上の構造物を歩いて上っていく発想は、日本にはないでしょうね。満足度マックスでした。

シドニーのギャッツビー

また、シドニーで感心するのは、ウォーターフロントの整備と美化が進み、湾の景色を重要な要素とするオフィス、住宅、ホテル、レストラン、文化施設といった建築物、フェリー、タクシーなどの交通手段、ヨット、クルーザー、サーフィンなどのマリーンスポーツが共存していることです。時代的役割を終えた埠頭の倉庫をレストラン、コンドミニアム、コンサートホールなどに転換。その発想と実行力には唸りました。

一度、聞きしに勝る大富豪のハンターズヒルの邸宅に招かれたことがあります。同席した招客がシドニー出身の二人の元首相であることに驚いただけでなく、青い芝生の庭には二十メートル級のプール、その先にはクルーザー用の桟橋が入り江に突き出していた光景に度肝を抜かれました。「世界で一番美しい町だろう」との某元首相の言葉に深く納得。感激の余り、邸宅の持ち主に「あなたは、シドニーのギャッツビーですね」と感想を吐露。軽井沢にも立派な山荘を有する御仁は、嬉しそうに頷いていました。豪州の持つ底知れない富と、生活をとことん楽しもうとする貪欲《どんよく》なまでの遊び心を実感した瞬間でした。

ゆとり

こんなシドニーに対して、メルボルンの武器は、ゆとりでしょうか（口絵6―2）。

最近の不動産価格の高騰を踏まえ、メルブニアン（メルボルンっ子）が言うのは、「シドニーでは湾が見える場所に住めないと町の良さを満喫できないが、それは金持ちだけ。メルボルンでは誰しもが町を楽しめる」との説明です。世界で最も住みやすい町のトップクラスに常にランクインしてきた生活の質への自信がなせる技でしょう。

ちなみに、豪州の政治史上、歴代の首相を輩出してきたシドニーとメルボルン。互いのナラティブが研ぎ澄まされているのです（笑）。アンチ東京のメッセージのみに陥りがちな日本の地方都市の応援団に学んでいただきたいところです（笑）。

確かに、メルボルンが舞台となる豪州オープンテニス、十万人を収容し怒濤のような歓声が響くメルボルン・クリケットグラウンド（MCG）でのAFL（オーストラリアンフットボール）マッチ、競馬のメルボルンカップなど、多くの人々が毎年待望している行事があります。さらに、イタリア料理、ギリシャ料理など、食事の質が高い豪州の都市でも抜群です。

また、湾や入り江に挟まれて町としてのスペースに限りがあるシドニーに比べ、メルボルンのスペースにゆとりがあることは確かなようです。道は広く、高速道路の車線の数も多く、町はゆったりと拡がっています。

行列のできる店

そんなメルボルンの中心街の目抜き通りであるラッセル通りを歩いていたとき、行列ができている二つの店が目にとまりました。

ひとつは地元の人に大人気のクロワッサン専門店。警察官時代に培った動物的勘で行列が短くなった隙に入り込み、実況見分しました。何とまあ、おいしいこと。焼きたての香りと独特のサクサク感に魅了されました。さすがは食の都、メルボルン。自慢のフラットホワイトと共に満喫しました。

ラーメン勝負

もうひとつは、博多から進出して大賑わいの豚骨ラーメン店。遠く祖国を離れて幾星霜《いくせいそう》。待ちに待った味に出会えた嬉しさに、夫婦の会話も忘れて没頭しました（笑）。

ちなみに、シドニーも互角の勝負を挑みます。サリーヒルズやジョージ通りのラーメン店は、日本にあっても流行ること、請け合いです。

ということで、メルボルン、シドニーのラーメン店のレベルは、ニューヨーク、ロンドン、パリに優っていることだけは、お伝えしておきましょう。世界三位の数を誇る豪州の在留邦人だけではなく、東京、大阪、京都に加えて、中山道、ニセコや白馬にまで次々に赴くオージーが贔屓にしているからこそ、このレベルが保たれるのだろうと納得がいきました。だからこそ、日本への観光客に対する入国制限の解除が切望されるのです。

むろん、ご想像のとおり、事はラーメンだけにとどまりません。シドニー、メルボルンで日本企業の方々が贔屓にしている正統派の和食レストランのレベルの高いこと！　ひときわ嬉しいのは、こうした店もオージーで賑わっていることです。

総括

ということで、シドニー、メルボルンの勝負は、今のところ甲乙つけ難しです。

「役人的でずるい」などと責めないでください。メルボルンの島田順二総領事やシドニーの紀谷《きや》昌彦総領事（後任は、徳田修一総領事）の立場も考えてあげてください（笑）。

ただひとつ、豪州の友人にお願いがあるとすれば、交通手段をどうにかして欲しいということかもしれません。東京・広島間に等しい距離に隔てられた二つの都市。今ある交通手段は飛行機か車だけ。今回の出張でも、コロナ明けの人員不足のためか、キャンベラ・メルボルンのフライト、メルボルン・シドニーのフライトいずれも運休となり、代替フライトの確保に追われ、消耗しました。

そろそろ高速鉄道で人口五百万規模の二大都市を繋ぐべき時期ではないでしょうか？

東京・広島間では、飛行機も新幹線も共存してきた日本の経験が生きるのではないでしょうか。高速鉄道が繋ぐシドニーとメルボルン。二都物語の新たな章が開けることでしょう。

43 遥かなる木曜島

八月、ついに、念願の木曜島訪問が実現しました。昨年も試みたものの、あいにくコロナでキャンセル。捲土重来《けんどちょうらい》を期した本年、関係者の方々のご尽力のお陰で、漸くキャンベラから遠路はるばる足を運び、その土を踏むことができたのです（**口絵5－1**）。

「木曜島の夜会」に誘われて

二年前、豪州赴任が内定してから、日本で手に入る豪州関係書籍を片っ端から読破してきました。その中で最も強く印象に残った一冊が、司馬遼太郎作『木曜島の夜会』でした。

学生時代から、『坂の上の雲』や『燃えよ剣』をはじめ、司馬遼太郎の主たる歴史小説は読み込んでいたつもりだったのですが、『木曜島の夜会』は盲点でした。短編だったせいか、私のレーダーにかかって来なかったのです。

一読し、自分の全く知らなかった興味深い世界が展開されていることに魅了されました。そして、いつか必ず木曜島を訪ねてみたいとの気持ちに駆られることとなりました。

■ 木曜島の位置

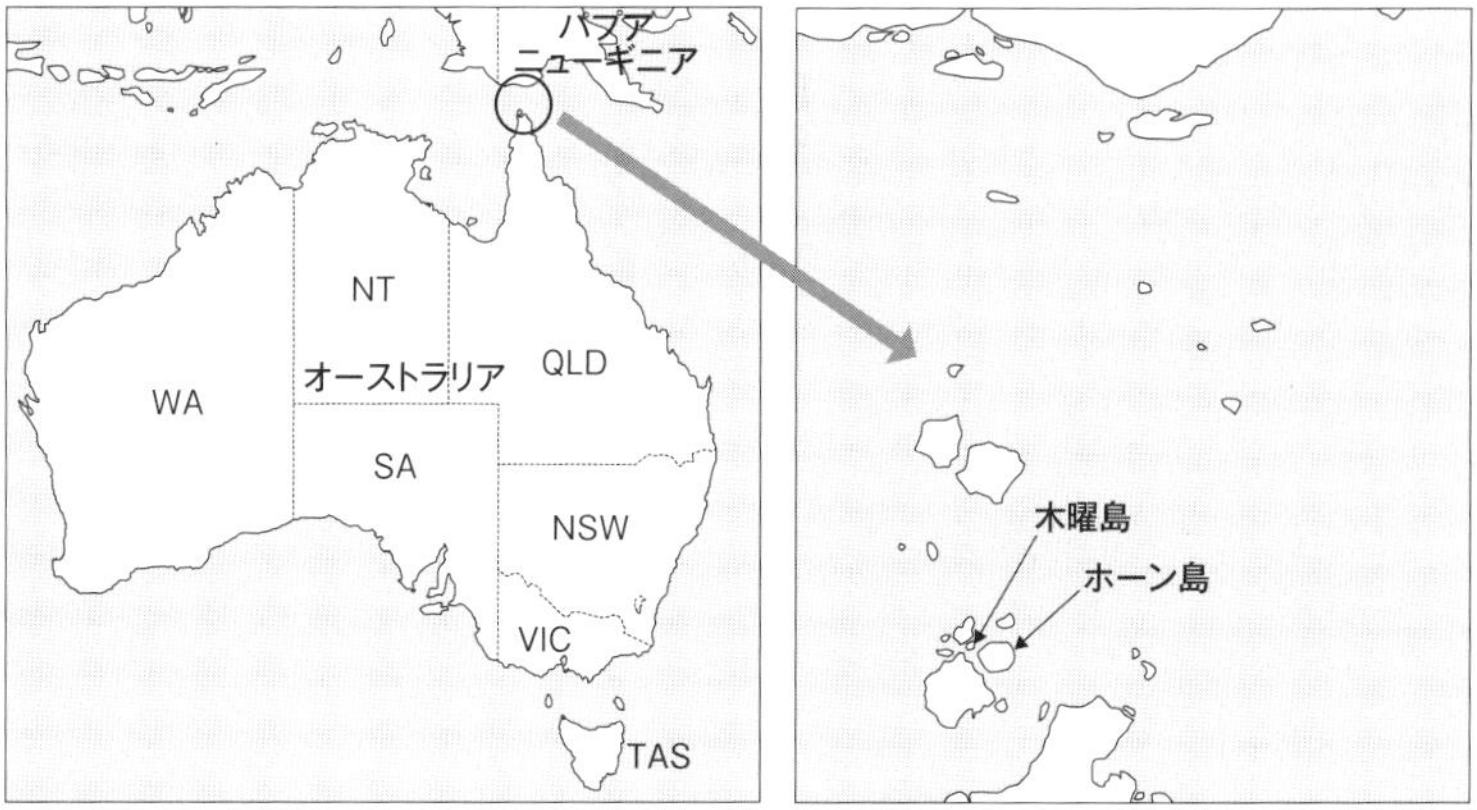

遠くにありて想うもの

とはいっても、どこから向かうにしても生半可な距離ではありません。木曜島は、クイーンズランド州ヨーク岬半島の先端、言い換えれば豪州とパプアニューギニアの間を隔てるトレス海峡の南部に位置しているからです。ちなみに、トレス海峡は、西側のアラフラ海と東側の珊瑚海とを結ぶ戦略的要衝でもあります。

キャンベラから行く場合、ブリスベン、ケアンズの二カ所で飛行機を乗り換えてホーン島までたどり着き、そこから先はフェリーで移動しなければなりません。まさに一日がかりの行程なのです。

「なぜ名前が木曜島なのか?」、不思議に思われるでしょうね。探検家により島が発見された日が木曜日だったそうです。ちなみに、東隣には水曜島、西隣には金曜島もあります。でも、月曜、火曜、土曜、日曜島はありませんでした。

ターコイーズ・ブルー

ホーン島からフェリーで木曜島に向かった際の第一印象は、海の色が何とも鮮やかで綺麗なこと。青と緑の中間色とも言えるし、宝石で言えばトルコ石でしょうか。オージーがターコイーズ（トルコ石）・ブルーと称しているのを聞き、「それだ！」と納得しました。

同時に、潮の流れの速さが素人目にも見て取れました。さらには、海の中にはワニもいればサメも生息しているとのこと。青空を反射した光り輝く穏やかな水面からはうかがい知れない危険が潜んでいる海なのです。道理で、木曜島のビーチでは遊泳が禁止されていました。

日豪の絆

面積三・五平方キロ、人口三千名弱のこの小さな木曜島は、実は日豪関係上、大きな役割を果たしてきました。一八七〇年代から第二次大戦に至るまでの間、真珠貝漁業に携わるために多くのいわゆる真珠貝潜水夫《ダイバー》が日本、特に和歌山県（串本町、有田村など）、愛媛県、広島県などから来訪し、真珠貝の採取で活躍したのです。

ベル状の重い真鍮製のヘルメットをかぶり、下着を何重にも重ねた上に厚い潜水服を着て、空気送風器具を使いながら海底で貝を採取する作業は、過酷な重労働でした。そんな中で、日本人のダイバーは、他国のダイバーの十倍にも及ぶ一日五十回もの潜水を重ねたとの逸話もあります。

ダイバーとしての能力が傑出しており、高い評価を受け、大きな成果を上げたのです。同時に、トレス海峡の激しい潮流にさらされ、サイクロン、さらにはサメやクエ（魚）などとの恐怖とも戦わなければならない状況下での作業は、死と隣り合わせの非常に危険なものでした。収入が極めて高く日本への送金に恵まれた一方、潜水病などで命を落とすダイバーは、後を絶ちませんでした。

藤井富太郎氏のお孫さんたちとの会合

そんな木曜島で日本人ダイバーとして活躍し、収容所から解放された戦後も島に残り、地元社会で重きをなしたのがトミーこと、故藤井富太郎氏です。『木曜島の夜会』にも中心人物として登場してきます。

私たち一行が木曜島に上陸して最初の行事が、在留邦人社会関係者との懇談会。そこに参加された方々の中には、富太郎さんのお孫さんが二人おられました。若い頃の写真を拝見すると、富太郎さんは映画俳優のような美男子。そのお孫さんたちは、その後、トレス諸島の現地人や白人の血も引き、一見するとオージーそのもの。でも、面影の所々におじいさん譲りの日本ＤＮＡもうかがえる風貌であり、何よりも数々の貴重な話をお聞きすることができました。

慰霊祭

木曜島訪問の最大の目的は、八月十五日の慰霊祭への出席でした。先述のとおり、高度に危険な作業だったため、真珠貝採取に当たっていた日本人ダイバーが七百名以上も命を落とすこととなりました。

こうした方々のお墓が木曜島墓地内に設けられている上、立派な慰霊塔が一九七九年に建立されました（口絵5―2）。その際に来島された大河原良雄大使（当時）以来、私が来島した四人目の日本大使になると聞かされました。

二〇〇五年からは慰霊祭が行われてきており、その開始以来、読経をされているのが、ブリスベン在住のジェームス・ウイルソン氏（仏教名「哲雄《てつゆう》」）。増上寺で修行をされた僧侶です。実は、去る八月五日にニューサウスウェールズ州のカウラで行われた、日本兵捕虜収容所大脱走事件七十八周年記念行事でも読経をしていただきました。

今年の炎天下での慰霊祭には、トレス行政区のロバン市長やバニ副市長も駆けつけてくれました。前日の晩には、私たち一行を温かく迎える夕食会を催していただき、その際にはトレス諸島の先住民の間に伝わる伝統舞踊を地元の子供たちが披露してくれる心温まる歓待ぶりでした。

私の挨拶では、常日頃のトレス行政区や木曜島の方々の墓地保全努力に謝意を表しつつ、日本を遥か遠く離れた木曜島の地に眠る先達に対し、衷心より敬意と感謝の念を捧げました。

百聞は一見に如《し》かず

今回の訪問では、実に多くの学びがありました。ロバン市長他、トレス行政区の関係者の行き届いたアレンジとブリーフィングにより、木曜島のみならずトレス行政区全体が置かれた状況について理解を深めることができました。中でも、住宅不足と住宅価格の高騰が課題との指摘に頷きました。

また、ケアンズからわざわざ同行してくれたクイーンズランド州警察のケイコ・ベリー女史のご配慮により、木曜島の警察署を訪問する稀有の機会に恵まれたのです。地元警察が直面するDVや近隣国からの麻薬密輸問題などについて意見交換ができたことも、元警察官の私にとって貴重な経験でした。

たまたま島を訪れていた旧知のウォーレン・エンチ連邦下院議員（元豪日議連会長、木曜島を含むクイーンズランド州北部選出）とも夕食を共にしました。熟練政治家の視点を共有してもらい、大変参考になりました。

さらには、木曜島から金曜島にボートで足を伸ばしました。長年真珠の養殖に携わってこられた高見一吉・カズパール社長のご活躍を間近で拝見できたことは、何よりも心強いものでした。

今後の課題

慰霊祭の前後に墓地を見回ったところ、立派な日本式の御影石の墓石が相当数あることに気付きました。聞けば、わざわざ船で日本から運んできた由。墓碑を読めば、和歌山県出身者の多いこと。遥か南方まで真珠貝採取に赴き、木曜島の地に眠ることとなった日本人の半数以上は、二十一歳以下で落命したそうです。望郷の思いいかばかりかと察し、深く頭を垂れました。

もともと墓地の維持や墓標の整備は、日本政府からの財政支援を得ながらトレス行政区が進めてきてくれています。問題は、長年の歳月を経て、これらの墓石や墓標の中には、傾いたり、朽ち果てているものが増えてきていることです。こうした現状を受け、トレス行政区側としても、以前から交流がある和歌山県串本町と相談を進めているとのことですが、日本政府や企業からの支援も得て、しっかりと修繕したいとの強い意向を拝聴しました。

「木曜島の夜会」は、「Japanese is a Japanese.（日本人は日本人なのです）」という言葉で締めくくられ

多くの墓石、墓標の修繕が急務

ています。日本人はどこにいようとも、日本の習慣・美徳を忘れず、歴史と伝統に誇りを持ち続けるという意味と受け止めました。危険を十分に知りながらも深い海に真珠貝を求めて潜り続けていった日本人ダイバーの話は、今なお語り継がれています。

まさに、木曜島で大きな犠牲を払いつつも短い生を全うした日本人が、初期の日豪関係の大事なチャプターを作り上げてきたのです。であるだけに、世代を超えて彼らの貢献を語り続け、顕彰し続けることが、後世の平和と繁栄を享受してきた者の責務であると痛感しました。

帰途、ホーン島の空港から飛び立ったプロペラ機の機窓からターコイーズ・ブルーの海に引きつけられながら、「来年もまた来よう。いや、来なければならない」と心の中でつぶやいていました。

44　ブルーム、鎮魂の旅

日本人、そして日本の歴史を学んだ誰しもにとって、八月は慰霊と鎮魂の月です。木曜島に続きブルームを訪ねてきました。日本大使の訪問は、二〇一六年以来六年ぶり。

西オーストラリア州ブルームの位置

ブルームは、西オーストラリア（WA）州北部にあって、ティモール海とインド洋に臨む海辺の小さな町です。WA州は、豪州の本土面積の約三分の一を占める広大な州。日本の約七倍にも及びます。州都のパースからでも、飛行機で二時間半もかかる距離なのです。

インドネシアやパプアニューギニアから目と鼻の先でもあり、気候は亜熱帯性。今は乾期ですが、それでも日中は三十度を超える気温。パース、メルボルン、シドニーなどからの避寒客で賑わいます。人口僅か二万人ほどの町ですが、観光客が集う時には六～七万人にも達するそうです。

特に白砂のケーブルビーチは、豪州大地の赤土とインド洋のターコイーズ（トルコ石）・ブルーとのコントラストが実に鮮やか（**口絵6―3**）。カリブ海や太平洋の島々を見慣れてきた私にとっても、まぎれもなく一級品の素材です。難点は、ホテルの数が少なく予約が入れにくく、価格も割高なことでしょうか。

真珠が繋ぐ日豪関係

木曜島と同様、このブルームが日豪関係上大きな役割を果たすに至ったのも、真珠の繋がりです。日本からの真珠貝ダイバーは、十九世紀後半から第二次大戦期にかけて木曜島だけでなく、ブルームやダーウィンなど、豪州北部の要所に出向いて、真珠貝の採取に励みました。

日本政府が豪州で最初に設けた領事館が一八九六年のタウンズビル（現在のクイーンズランド州）であった背景のひとつには、こうした真珠産業を巡る活発な日本人の往来があったのです。

ブルームでは、一九七〇年から在留邦人が始めた日本文化祭りの「真珠祭り」が日系社会以外にも広がり定着。町で最も重要な文化・観光行事として拡大・発展してきていると聞きました。「Shinju Matsuri（真珠祭り）」と日本語で呼

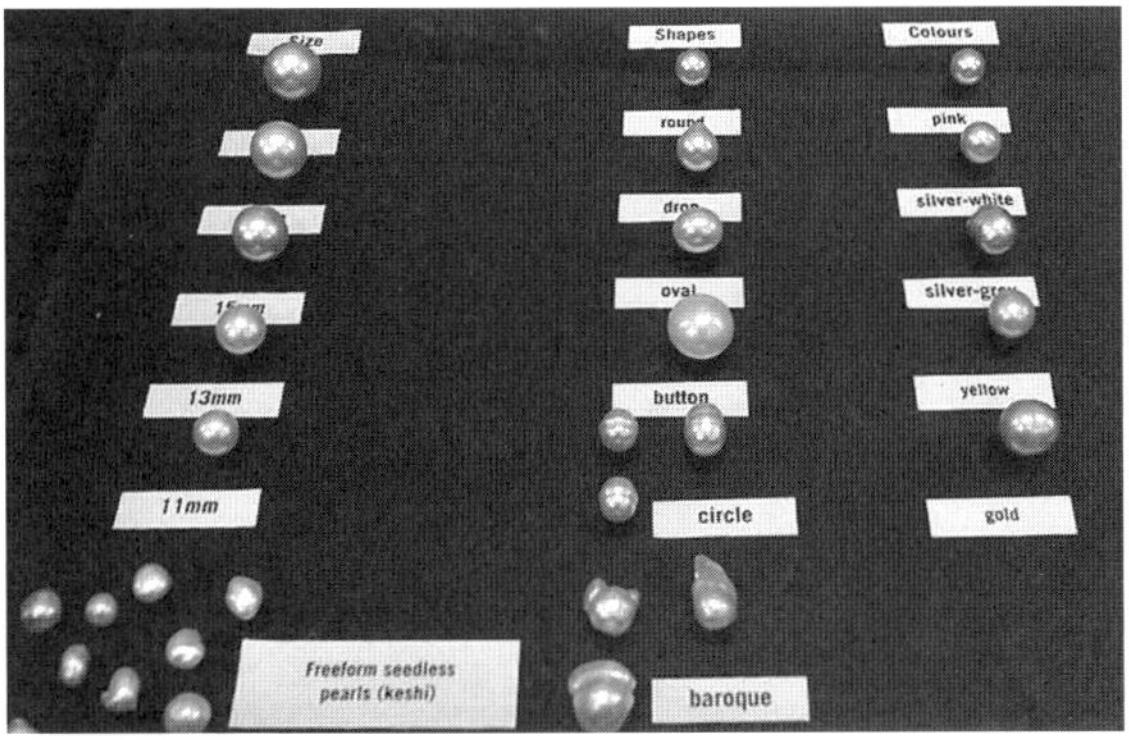

ブルーム歴史博物館に展示されたブルーム産真珠の数々

ばれていること自体、嬉しく思いました。

目抜き通りには、真珠装飾品を売る高級店が軒を連ねています。引き寄せられるようにいそいそと洒落たブティックに入っていく家人を野放しにしては大変な目に遭うと心配し、マンツーマンの監視体制をとりました（笑）。でも、日本ではまず見かけないような大粒で色とりどりの真珠、そしてネックレスやブレスレット、さらにはカフスボタンの斬新なデザインに私自身が魅せられてしまいました。ブルームの真珠産業の伝統の深みと力を感じました。

和歌山県太地町《たいじちょう》とのつながり

貴重な発見は、多くの日本人真珠貝ダイバーの出身地が和歌山県の太地町だったことです。木曜島では、同じ和歌山県でも串本や有田の出身者が多かったとされることとの対比も、関心をそそりました。

実は、私には太地町への特別な思い入れがあります。あれは、外務省の経済局長を務めていた四年前、捕鯨問題が大きなイシューとなっていた頃でした。東京から片道六時間かけて日本の捕鯨業の原点のひとつである太地を訪問。地元の歴史と文化を形作ってきた捕鯨の実態を学ぶとともに、三軒一高《さんげんかずたか》町長をはじめとする関係者の方々とじっくりと懇談をする稀有な機会に恵まれたのです。

その太地町とブルームとが姉妹都市となっているという、この縁。二〇〇七年から毎年のように太地町から中学生がブルームを訪れ、ブルームのセント・メアリーズ・カレッジからも太地を訪れているとの話を知るにつけ、世代を超えて引き継がれている交流に心が温まりました。

日本人墓地

真珠貝採取には潜水病などの危険がつきもの。ブルーム町が管理する共同墓地の一角には、約千名もの日本人ダイバーが埋葬されている日本人墓地があります。その中には、一九〇八年にブルームを襲ったサイクロンでの犠牲者（二百名以上といわれる）の追悼慰霊碑もありました。

大半は設置以来長年が経過した墓石です。でも、今までに在パース日本商工会議所や日本船舶振興会の資金援助で墓石が修理されてきたお陰で、おおむね良好な状態に保たれており、安堵しました。

地元の詳しい方から、捕鯨反対運動が過激であった頃には、日本人墓地の墓石の大半が倒されるといった事態もあったと聞かされ、大いに胸を痛めました。今は反対運動も下火になり、夜間の墓地管理も強化され、そのような心配はないそうです。墓石の下に眠る先達の心の平安を願いました。

ブルーム空爆

ブルームは、大東亜戦争の傷跡が残る町でもあります。日本軍によるダーウィン空襲やシドニー湾での特殊潜航艇の攻撃がしばしば語られてきましたが、ブルームも空襲の惨禍にさらされたのです。

当時のブルームには航空基地が置かれ、蘭領東インド（現インドネシア）から退却してくる連合軍関係者の脱出ルートと見られていました。一九四二年三月を皮切りに四回にわたり空襲が行われたとの記録が現地の歴史博物館に残っています。話をうかがった博物館関係者によれば、おおむね軍事目標に攻撃対象を絞ったプロフェッショナルな攻撃だったそうですが、百名近い方が亡くなられた痛ましい展開でもありました。

同時に、日豪開戦は、日本人真珠貝ダイバーの人生をも大きく変えました。日本人は全員が遠く離れた豪州南東部の収容所に強制収容されました。ブルームのアボリジニで日本人ダイバーと結婚していた女性の中には、スパイ嫌疑をかけられたり、ご主人の後を追って幼子の手を引きながら収容所に入った方もいるとうかがいました。

戦争が終わって収容所から解放された日本人は、原則として日本への帰国を余儀なくされました。ただし、現地の女性と結婚していた場合など、例外的に豪州に残った方もおられます。戦後は一九五三年から、日本人ダイバーの入国が認められたそうです。

変転に富む、こうした歴史があるだけに、現在ブルーム町会議員を務めておられるフィリップ・マツモト氏、戦後に真珠貝ダイバーとしてブルームに来訪されたアキラ・マスダ氏、ツネヒロ・タナカ氏らと昼食を共にしながら懇談することができたのは、非常に貴重な時間でした。

和解の力

かつてなく良好だと評される日豪関係。でも、ブルームに来てみて、真珠貝ダイバーのような第一線の方々の塗炭の苦しみ、身を粉にした献身があってこそ、両国関係の強固な地盤となる相互信頼が形作られてきたことに改めて思いを致し、粛然としました。

毎回の地方出張の際と同様に、今回も対外発信を心がけました。そこで、ＡＢＣラジオ・キンバリー支局を往訪し、インタビューを受けました。その際、気づいたら、日本人ダイバーを「無名のヒーロー」（unsung hero）と呼び、戦後の日豪関係を和解の好事例と称していました。ブルームに来て実態を学んだからこそ、言えた言葉なのだと思っています。

現在進行形の日豪協力

ブルーム滞在中、日本企業による世界最大の直接対外投資案件であるイクシス・プロジェクトなど、豪州大陸・沖合でのガス田開発・採取に従事しているインペックス社の関連施設を視察しました。

ブルームはオペレーションの重要な拠点。海上ガス田との間で人員のピストン輸送などに当たっているヘリコプター管理会社ＰＨＩの施設を村山徹博執行役員始め関係者の方々に案内していただきました。十六人も搭乗できる世界最大級の大型ヘリを運用するだけでなく、事故や疾病者が発生した場合の緊急事態・災害対応用ヘリも二十四時間待機している現場をつぶさに拝見しました。

　万全の体制を敷き、今まで無事故を維持。しかも豪州人スタッフの生命を何度も救うような局面があったと伺い、誠に意を強くしました。かつての真珠貝採取に当たっての協力関係が、時代と業界を越えて今に引き継がれているように受け止めました。

最後に

　心からの哀悼の意を捧げ、日本人墓地を去る間際、懇切丁寧に案内をしてくださった現地在住の邦人の方から話しかけられました。

「大使、墓石がどこを向いているか分かりますか？」

　確かに、よく見ると、すべての墓石が同じ方角を向いているのです。まるで夏の太陽を恋い焦がれる向日葵《ひまわり》のようでした。怪訝《けげん》な顔をした私に、その方は、優しいながらも力を込めてこう言われました。

「日本なんです。日本なんですよ」

緊急事態・災害対応用ヘリ

突き抜けるような真っ青な空の下、照りつける強烈な日差しと頰をなでる爽やかな風を感じながら、私は返す言葉を失い、立ち尽くしていました（口絵5－3）。

45 女王陛下とオーストラリア

英国エリザベス女王逝去のニュースは、世界中を駆け巡りました。最も大きな反響を呼んだ国の一つがオーストラリアであることは、日本ではあまり知られていないようですね。

元首は英国国王（女王）

日本にいる方から時々聞かれるのは、「豪州では誰が国家元首なのか？」という質問です。そう、首相もいれば総督もいるので、どちらかが元首なのだろうと推測する向きも多いようです。

実際には、英国国王（女王）が豪州の国家元首。キャンベラに居を構える総督は、国王の名代として豪州に常駐するとの位置づけ。英国の植民地であった歴史からくるものです。

いささか複雑なのは、ニューサウスウェールズ州、ビクトリア州などの各州にも総督が置かれていること。州ごとの総督はGovernor、キャンベラにいて豪州全体を統括する総督はGovernor-Generalと呼ばれています。

豪州との紐帯《ちゅうたい》

エリザベス女王と豪州とは深い結びつきがありました。一九五四年二月に在位中の英国国王（女王）として初めて豪州を訪問され、八週間にわたって滞在。シドニー湾にローヤルヨットで到着した際には、百万人ものオージーから大歓迎を受けたとの話が伝えられています。

その後も、たびたび豪州を訪れ、七十年間に及ぶエリザベス女王の御代を通じて豪州訪問は総計十六回に。この訪問数を聞くにつけ、十年ほど前の英国在勤中、当時まで英国外相が十年以上の長きにわたって豪州を訪問することがなかったと聞かされた話との対比が印象的です。

思いは双方向。豪州社会の中に王室への愛着と思慕を強く抱いている人々がいるのと同様、王室側の豪州へのそれも強いからこそ、維持されてきた関係と見受けられます。ちなみに、エリザベス女王を継いだチャールズ国王については、高校在学中に豪州に滞在し大ファンとなり、一時は豪州国王になることさえ取り沙汰されていたと豪州マスコミで報じられています。

豪英米関係

ここまで書くと、「豪州は米国の最も親密な同盟国ではなかったのか？」として、英米のどちらと近いのか？　と質問される方もいるでしょう。「関係の性格は違うものの、両方」という答えが正確でしょう。

■ 他国人に対する豪州人の親近感を温度計で表示

（出典：ローウィー研究所「2022年世論調査」）

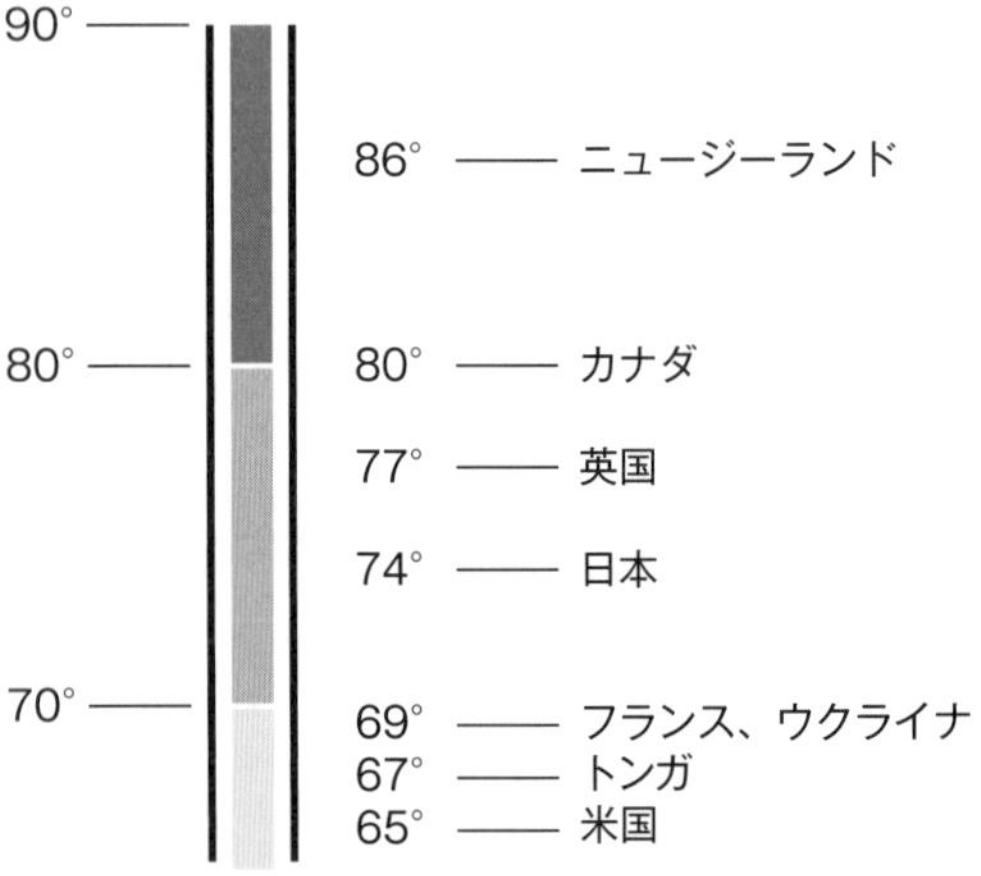

豪州の政治学者、歴史家が多く指摘するのは、一九四二年のシンガポール陥落をもって豪州の国防、安全保障上の最重要パートナーが英国から米国に代わったとの評価です。

こうした国際社会における地政学的な構図の変化に応じて、国家間の関係が変遷してきたことは事実です。その一方で、英国との歴史的、文化的、血脈的なつながりがいまなお太いことは、豪州人と接していると折に触れて感じます。

例えば、アボット元首相、ターンブル元首相の双方とも、いわゆるローズ奨学生でオックスフォード留学組。さる情報機関の大幹部と話していたら、私が尊敬して付き合ってきた英国秘密情報庁（MI6）の元長官は、同人の従兄弟である由。豪州人は米国人を称して、時々「従兄弟」という表現を使いますが、豪英では実際の従兄弟が国家の中枢にいるのです（笑）。

社交の場で話していても、休暇の滞在先として、ニューヨークよりもロンドンに惹かれる有力者が多い印象があります。「互いに風刺（irony）を解するから」と説明してくれた高官もいます。スポーツでも、クリケット、ラグビー、サッカーなど、豪英間で競い合うものには事欠きません。最近の世論調査を見ても、豪州人が最も好感を持つ国がニュージーランド、カナダと英国であるとの結果が出ています（ちなみに、その次は日本です）。エリザベス女王の逝去という歴史的な節目に接し、こうした心情が前面に横溢してきたように見受けられます。

手厚い対応

このように見てくると、九月十九日のエリザベス女王の国葬にアルバジーニー首相とハーレー連邦総督の双方が出席されること、豪州帰国後の二十二日が休日に指定され、同日に豪州での式典が行われるといった手厚い対応の背景がご理解いただけるでしょう。

エリザベス女王逝去に当たって、豪州での外国大使における弔問記帳の受付は、英国大使館ではなく豪州の総督公邸で行われました。

女王陛下について、私には特別な思い出があります。十年ほど前にロンドンの大使館で政務公使を務めていた際、林景一大使（後の最高裁判事）の信任状捧呈式に同行し、バッキンガム宮殿においで一対一でお言葉を拝聴する機会に恵まれたのです。

その際に垣間見ることができた、分け隔てのない率直な接し方、旺盛な知的好奇心、絶妙のユーモアとウィットを想起し、衷心よりお悔やみを申し上げるとともに、心を込めて記帳いたしました。

まさに、七十年にわたって女王の重責を果たされてきたからこそ、英国、豪州さらには日本を越えた国際社会全体において、一つの時代の終わりと受け止められているのだと思います。

共和制論議

エリザベス女王のお人柄と高い声評がその死を悼《いた》む豪州での反応につながったことは間違いありません。ある有力政治家から、「与党労働党の政治家の大半は共和制論者だが、女王が特別な存在であったことは誰しもが認めるところ」と吐露されたことがあります。裏から言うと、後継のチャールズ国王の下では共和制に向けた議論が再び高まるとの指摘が見られます。

共和制論とは、単純化して言えば、「自分たちで元首を選べないのはおかしい。成熟した豪州としては、英国国王（女王）に代わって大統領を豪州の元首とすべき」という議論です。ただし、大統領を国民の直接選挙で選ぶのか、豪州連邦議会で選出して任命するのかといった具体論になると、意見は分かれるようです。

豪州連邦議会議事堂内クイーンズテラスの献花

この問題は、今に始まったものではありません。一九九〇年代に豪州国内で激しい議論が交わされ、一九九九年に実施された国民投票では、現状の君主制維持が五十五パーセント、共和制に向けた憲法改正を求める人が四十五パーセントであった経緯があります。今年九月に行われた世論調査でも、君主制賛成が六十パーセント、共和制賛成が四十パーセントであったとのことです。共和制論者の中からは、豪州の国旗から、英国国旗であるユニオンジャックのデザインを外すべき、豪州の紙幣に英国国王の肖像を載せるべきではないといった主張すら聞かれます。共和制論者は、ターンブル元首相のように、保守連合に属する人の間にも見られます。

これに対する君主制擁護派の反対論は、「英国王室との繋がりは豪州の歴史の一部。国民全体を統合する効果あり。これまでうまくいってきたものを性急に代える必要はない」との議論です。ちなみに、皇太子時代のチャールズ（国王）は、「この問題は豪州人自身が決めるべき問題」と公の場で発言していました。

多文化共生主義（マルチカルチュアリズム）を奉じ、英国からだけではなく、他の欧州諸国、さらにはアジアや中東からの移民を広く受け入れて変遷してきた豪州社会。ＡＵＫＵＳの創設、英国とのＦＴＡ交渉に見られるとおり、英国が重要なパートナーであり続けることは言を俟《ま》ちません。また、「グローバルブリテン」を看板とするブレグジット後の英国にとって、インド太平洋地域への関わりを強化する上で豪州が最良のパートナーの一つであることも明らかです。

そうした中で、今後の豪州が英国王室とどのような関係を作っていくのか、注目されます。

46 春爛漫

九月、長く冷たく湿った冬が終わり、キャンベラは春爛漫です。待ちわびた季節の到来を祝し、一大レセプションを公邸で開催し、大いに盛り上がりました。今日は、そのご報告です。

「春のレセプション」

世界各国にある日本の在外公館では、必ず天皇誕生日にはレセプションを行います。また、自衛隊記念日にもレセプションや夕食会を行う公館も少なくありません。

在豪州日本大使館では、こうした恒例の行事に加え、昨年、日本とゆかりの深い豪州人を一堂に集めてレセプションを開催。好評を博しました。今回は、キャンベラの日本大使公邸

大使公邸で開催された「春のレセプション」

夜桜を愛でながらの歓談

ゲストスピーカーのアルフ・ムファーリッジ氏

の立派な日本庭園と、その庭に咲き誇る桜を活用しない手はないと考え、「春のレセプション」と称して日豪関係に携わる方々を広くお招きして、ガーデンパーティーを企画しました。

基本は人的関係

外交の現場に四十年近くいて深く悟ったことは、国と国の関係も、結局は人と人との関係から築きあげられるという単純な公理です。

日豪関係も、まさに同じ。「知日派」を大切にしなければなりません。

そこで、東京三田のオーストラリア大使館での勤務経験を有する豪州政府関係者、ＪＥＴプログラム参加者、元国費外国人留学生、世界青年の船参加者、豪州政府奨学金での日本留学経験者、豪州国立大学や首都特別行政区の日本語教師など、日本と縁の深いオージーに広くお声がけして、春の一夜に懇親を深めることとしたのです。

出席者は総勢二百名を超える大盛況。宴は賑わいを増し、なんと五時間強にわたり、桜を愛《め》でながらの歓談が続きました。

料理の鉄人登場！

今回のレセプションでは、日本から、私と知己の特別ゲスト二人に来ていただきました。

その一人が、東急ホテルズ専務執行役員兼総料理長の福田順彦氏。日本のフレンチ料理界のドンであり、大使公邸の小形禎之料理人の師匠にあたる方です（口絵3―2）。忙しい日程をやり繰りして、渋谷のセルリアンタワー東急ホテルから駆けつけてくださいました。シェフのコックコートとエスコフィエ協会のエシャルプ（懸章）を纏《まと》い、オーラがビンビンに漲る雄姿。西オーストラリア州のパース近郊のヤンチェップファームの牛肉を振る舞われたところ、やんや、やんやの大行列。瞬く間に売り切れてしまいました。

無論、ホストの私は、焼き上がるステーキの香りだけを満喫するにとどめ、楽しみは次回にとっておくこととしました。

世界に誇るマジシャン登場！

もう一人の特別ゲストは、マジシャンの前田知洋氏。長年にわたって日本のテレビ番組を席巻し、お茶の間で大人気を博してきたマジック界の貴公子です。日本から駆けつけていただきまし

抹茶風味のバニラスライス

米粉クレープの提供

た。

美しい指先から繰り広げられる数々の魔術。特に、四つにちぎったトランプカードが観客の掌の中でつながるマジック、観客の指先から抜き取った指輪が前田さんのズボンの中のキーケースにつながれているマジックなど、次々に歓声があがる素晴らしい匠のパフォーマンス。観客の誰もが酔いしれました。

世界的に有名なマジシャンのせっかくの来訪の機会を捉え、翌日は菜の花が咲き乱れるカウラに移動。名にし負う日本庭園での「桜祭り」でも、実演が行われました。青空の下、芝生の上で、豪州の老若男女の前で繰り広げられたマジック。鮮烈な印象を残しました。

エンターテインメントの波

キャンベラの公邸で続々と繰り広げられたエンターテインメントは、これらだけにとどまりません。

シドニーでのジャパナルー（日本祭り）で観衆を魅了した、

日本の着物とアボリジナルデザインとのコラボによる着物ショー（WABORIパフォーマンス）、只野徳子女史による三味線のデモ・ワークショップ、裏千家による茶道体験、日豪「ダブル」の歌手ケイ・ヒューソンさんによる日豪国歌独唱、オリビア・ニュートン・ジョンや竹内まりやなどのオールディーズ歌唱などなど。次から次へと押し寄せる波のように、出し物が続きました。

日本を知るオージーの集まりだけに、日本での生活体験を懐かしく回顧するとともに、日本の誇るソフトパワーを改めて堪能していただけたのではないでしょうか。

開く門戸

レセプションのタイミングは、「どんピシャ」でした。というのも、前日に岸田総理が日本への旅行制限を解除する旨の発表をされたからです。

私のスピーチでそこに言及したところ、一同から大きな歓声があがりました。

日本の紅葉、冬のスキーシーズンに間に合う形で門戸が再び開かれたのです。コロナ前には年間約六十一万人まで急増してきた豪州からの観光客。一回の旅行当たり、一人二十五万円近く落

桜祭りが開催されたカウラ日本庭園での前田知洋氏によるマジックショー

としていくという世界最高の上客です（笑）。

東京、京都、大阪のみならず、中山道、ニセコ、白馬、野沢温泉、志賀高原など各地にオージーが戻る日々が待ち焦がれます。日本の風物にふれた彼らは、必ずや「ＷＯＷ」を連発してくれることでしょう。

「散る桜　残る桜も　散る桜」

前年の花見から一年が経ち、再び巡ってきたこの時期に必ず思い浮かぶのが、良寛和尚の名句です。

いずれ、終わりが来るのが人生。いかにして、与えられた生を全うし、充実したものとしていくか。

風に舞い、公邸の池に舞い落ちていく桜花を愛でながら、豪州での勤務を通じて日豪関係をさらなる高みに引き上げるべく微力を尽くすことを誓いました。

大使公邸の桜

47 岸田総理の豪州訪問

ついに、待望の総理訪豪が実現しました。本年一月に予定されていたシドニー訪問は、日本におけるコロナ禍の状況悪化のため、直前にキャンセル。その意味では二度目の正直でした。

要人往来の意義

釈迦に説法でしょうが、外交を行っていく上で首脳間の相互訪問の意義は、強調してもし切れません。相手国との関係を重視しているとのメッセージを行動にし、友好親善関係を進める意義だけではなく、訪問を契機として、いろいろな政策面での合意が形成されたり、新たなイニシアティブがとられることが多々あるからです。

また、往来に携わる関係者の士気を引き上げる効用もあります。その意味では、十年ほど前に三年間ロンドン勤務をしていた際には総理の訪英に一度も立ち会う機会がなかったのに対し、今回、着任後二年弱の間に総理の訪豪に関わることができ、外交官冥利《みょうり》に尽きる思いがしました。

驚くべき頻度

それにつけても、最近の日豪関係の進展は、首脳の相互訪問の頻度を見れば明らかです。今年五月にはアルバニージー首相が就任後間もなくクアッド（日米豪印）首脳会合出席のため訪日、九月には安倍元総理の国葬のためにアルバニージー首相が再度訪日、そして、今回の岸田総理の訪豪です。

ＮＡＴＯ首脳会議の際の会談と併せれば、アルバニージー首相は就任五カ月の間に岸田総理と何と四回も面談をしたことになります。また、来年はクアッド首脳会合を豪州がホストするので、それに出席するために岸田総理は再び豪州を訪問することとなります。

このように頻繁な首脳間の相互訪問に加えて、安倍元総理の国葬にアルバニージー首相だけでなく、ハワード氏、アボット氏、ターンブル氏の三人もの元首相が出席されました。これらを踏まえれば、他国との関係ではまず見られない日豪関係の緊密振りを実感していただけることでしょう。

安全保障協力共同宣言

日豪間の安全保障・防衛協力については、二〇〇七年に安倍総理とハワード首相（いずれも当時）の間で日豪安保協力共同宣言が発出されて以来、情報保護協定、物品役務相互提供協定（ＡＣＳＡ）

や今年一月に署名された円滑化協定（ＲＡＡ）など、協力の枠組みを整備しつつ、具体的な協力が着実に実施されてきています。

今回はその宣言を改定。二〇〇七年以来の十五年間に大きく変わってきたインド太平洋地域の戦略環境を踏まえ、今後十年の両国間の協力の方向性を示すこととなりました。

具体的な対応としては、豪州国防軍と自衛隊との相互運用性の向上に加え、従来は盛り込まれていなかったインテリジェンス協力が明示的に盛り込まれました。また、「日豪の主権及び地域の安全保障上の利益に影響を及ぼし得る緊急事態に関して、相互に協議し、対応措置を検討する」といったＡＮＺＵＳ条約（太平洋安全保障条約）類似の文言まで盛り込まれました。これらは、日豪間の安保・防衛協力の一層の進展を体現するものと受け止められることでしょう。

資源・エネルギー

石炭、鉄鉱石、ＬＮＧといった資源・エネルギーの豪州から日本への輸出、それらの分野への日本からの投資は、日豪経済関係の土台を支えてきました。鉄鉱石などの資源ビジネスで力強い経済成長を続け、戦後の日豪の資源・エネルギー分野でのパートナーシップの歴史を象徴している西オーストラリア州のパース。ここで今回の首脳会談が行われたことは、実に意義深い展開でした。

首脳会談では、豪州が引き続いて日本にとって安定的で信頼できるエネルギーの供給源であり、安心できる投資先であるとの決意が首脳レベルで明確に示されました。こうした従来からの資源・エネルギー分野での貿易・投資面での協力関係を継続していくとともに、ＧＸ（グリーントランスフォーメーション）の一翼を担う水素、アンモニアを含む脱炭素分野が日豪経済関係の新たなフロンティアであるとの認識が共有され、協力を推進していくことが確認されました。また、レアアースでの協力事例を土台に、重要鉱物の安定供給を確保すべく、重要鉱物に関するパートナーシップを進めていくことで合意しました。

自由で開かれたインド太平洋

自由で開かれたインド太平洋というビジョンを実現するに当たり、今や日豪両国が同志国連携の中核となっていることが確認されました。

今回の首脳会談では、東南アジア、太平洋島嶼国との連携の強化について意見交換がなされました。また、今日のウクライナが明日の東アジアになりかねないといった危機感を背景に、ロシアの核兵器による威嚇は国際社会の平和と安全に対する深刻な脅威であり、断じて受け入れることはできないことについても、意見が一致しました。

この関連で、共同記者発表で広島出身の岸田総理が述べられた発言、すなわち、「広島及び長崎に原爆が投下されて七十七年間、核兵器が使用されていない歴史をないがしろにすることがあってはならない。仮に核兵器が使用されることがあればそれは人類に対する敵対行為である。

国際社会としてその行為を決して許すことがないことを改めて強調する」との発言は、格段の重みを持って受け止められたことと思います。

新たな次元へ

以上のやりとりのとおり、①安全保障・防衛協力、②資源・エネルギー協力、③自由で開かれたインド太平洋の実現に当たっての協力のいずれをとっても、日豪関係が着実に力強い歩みを進めていることがうかがえます。

岸田総理がパース来訪中に行われた資源・エネルギー分野の日豪経済人との懇談会、在留邦人との懇談会に際しても、各界各層の方々から日豪関係の将来に対する熱い期待が表明されました。まさに、日豪の「特別な戦略的パートナーシップ」を新たな次元に高めた訪豪となりました。

48 メルボルンカップ、そして野球交流

先週、改めてメルボルン、シドニーに駆け足で出張してきました。岸田総理豪州訪問の興奮冷めやらぬ中、体力的に厳しかったのは事実ですが、非常に実り多い出張となりました。

競馬「メルボルンカップ」

メルボルン出身の豪州人の友人から、かねがねこう言われてきました。

「競馬のメルボルンカップ、AFL（オーストラリアンフットボール）の試合、テニスの全豪オープンを観ずして、メルボルン、そして豪州を語るべからず」

幸いにして後二者については、すでに体験する機会に恵まれ、南半球便りでも報告して参りました。漸く今回、日本中央競馬会（JRA）の方々のご配慮のお陰で、念願叶ってメルボルンカップを堪能することができたのです。

しかも、ハーレー連邦総督ご夫妻、デソウ・ビクトリア州総督ご夫妻、ファレル連邦政府貿易大臣ご夫妻といったVIPとご一緒し、特等席から観戦する栄誉に恵まれました。外国大使では、

陳列された衣装の数々。女性のお洒落もメルボルンカップにおけるもうひとつの“勝負”なのです

日本の他には、ケネディ米国大使が参加されていました。

えも言われぬ雰囲気

コロナ禍で中止や観客数制限に服してきたため、本格的に大観客を受け入れての再開は三年ぶりの由。七万人もの大歓声に包まれたフレミントン競馬場でのメルボルンカップは、時折雷雨に襲われるあいにくの天候にもかかわらず、熱気と興奮のるつぼでした。

メルボルンっ子自慢の看板行事ゆえ、前夜祭のレセプションが、宮殿のようなビクトリア州総督公邸の大ホールで、数百名にも上る招客を集めて行われたほどです。そこでは、代々のカップで着飾られた、洒落た洋服や帽子が所狭しと陳列されていました。

デソウ州総督ご夫妻の心温まるお気遣いに甘え、

改めて公邸に泊めていただきました。でも、隣の公園で深夜まで繰り広げられていた前夜祭コンサートのアップビートな音楽に気分がたちまち高揚し、深更まで寝付けませんでした（笑）。

決めるときは決める

興味深かったのは、ドレスコード。「モーニングコートか民族衣装」との指定。

そこで私は、皇居での天皇陛下による認証式以来のペンギン服で登場。家内は着物で赴きました。

トロフィーを持って“験を担ぐ”妻と筆者。
……結果は聞かないでください

赴任前には、「オージーはカジュアルなので、タキシードなどを着る機会はまずない」などという引き継ぎもありましたが、ところがどっこい。要所ではブラックタイディナーがしばしば行われていますし、メルボルンカップではドレスコード破りの男性も見受けられたものの、ほとんどの要人は忠実に装ってきていました。

その上、女性に至っては、何とも華やかなもの！ドレス、帽子といい、まさしく百花繚乱状態でした。

肝腎の競馬ですか？「勝ち馬に乗れ」とばかり、

一番人気の馬に単勝で賭けた浅はかさ。「後悔、先に立たず」とはこのことですが、よい勉強をさせていただきました！

スポンサーは日本企業

ひときわ嬉しかったのは、「メルボルンカップ」が「レクサス・メルボルンカップ」として、スポンサーの日本企業の名称を付して呼ばれていたことです。VIPの集ったチェアマンズスイートに隣接した「レクサススイート」には、日本企業の重鎮の方々が列席されていました。これこそ、大使の出番。ハーレー連邦総督ご夫妻、デソウ・ビクトリア州総督ご夫妻、ファレル貿易大臣ご夫妻、そしてケネディ米国大使を次々に隣室にご案内し、居合わせた日本企業の方々と一緒に記念写真を撮っていただいたのは、良い思い出になりました。

遠方より来たる朋二人

メルボルンカップの余韻残る翌朝、飛行機でシドニーに向かいました。というのも、阿部守一長野県知事、糟谷敏秀東京ガス専務が相次いでシドニーを訪れてくれたからです。

お二人とも、遥か昔（笑）に大学で私と同級生だった間柄。自治省を経て長野県知事として活躍されている阿部知事とは、豪州から長野県への観光客をいかに増やしていくか、経産省を経て東京ガスで活躍されている糟谷専務とは、豪州との資源エネルギー協力をいかに進め日本の経済安全保障を確保していくかにつき、それぞれじっくりと意見交換できました。

日豪相互の旅行・入国制限が解除され、人の往来が戻りつつあることも、深く実感しました。

野球レセプション

シドニーでの大きな仕事のひとつは、新任の徳田修一総領事夫妻と共に、豪州野球チームの壮行会を総領事公邸で開催することでした。というのも、翌週には札幌で侍ジャパンとの二試合を控えている豪州チーム。日本に飛び立つ前日にレセプションに招待した次第です。

監督は中日ドラゴンズでプレーしたディンゴ（デーブ・ニルソン）さん。グッと握手した手は、まさにグローブのよう！　コーチには、抑えのエースとして日ハムを日本一に導いたマイケル中村さんもいました。

元野球少年の私には、何ともこたえられない行事。侍ジャパン・栗山監督からビデオメッセージをいただき、徳田総領事が侍ジャパンのユニフォームで登場し、私は豪州チームのユニフォームで登場。「裏切り者」の罵声が飛んできそうですが、「これも外交」と笑って許してください。

その代わり、札幌での試合を観る際には、声を嗄《か》らして侍を応援します（口絵1−3）。

スピーク・ベースボール

昔の「洋モク」（米国タバコ）の宣伝文句ではありませんが、日豪はともに「スピーク・ベースボール」する間柄。個人競技だけでなく、団体競技にも秀でる両国だからこそ、でもあります。

夏の気配が濃厚に漂い始めた黄昏のシドニー湾に臨む、総領事公邸プールサイド。野球談義が尽きることはありませんでした。二〇〇四年のアテネ五輪で二度にわたり日本を破った戦績に胸を張りつつも、「大谷翔平は信じられない。今や日本野球こそが世界ナンバーワン」と真顔で言ってくれる雲を突くような巨人連に囲まれ、何とも誇らしく元気の出る夜となりました。

49 豪州の中の日本

「海外生活に不自由はないですか？」

読者の方から寄せられた質問です。

外交官生活を始めて四十年近くになりますが、そのうち十五年近くを海外で過ごしてきました。ニューヨーク、ワシントンDC、香港、ジュネーブ、ロンドンを経てキャンベラに。おおむね生活環境に恵まれた都市であったので、仕事の厳しさはともかく、日常の暮らしの面では大きな苦労はありませんでした。それでも日本との決定的な違いがあるのです。

「やっぱり、日本はいいなあ」

日本で生まれて育ち、就職するまで海外旅行さえ経験してこなかった「マルドメ」の私です。そんな私が帰国するたびにこのような台詞を発するのは、湯船につかった瞬間です。多くの同胞に共感してもらえることでしょう。

欧米では、シャワーが併設された浅いバスタブに、ウナギのように身を横たえて、お風呂気分を味わうのが関の山。豪州では、シャワーだけで、バスタブさえないホテルや住宅も数多くあります。

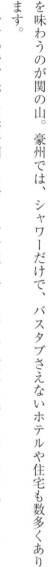

ですので、先日用務帰国した際にも、寸暇を惜しみ、通い慣れた浅間山麓の露天風呂に駆けつけました。なみなみと溢れ続ける豊かな湯量にみとれ、手足をゆっくり伸ばしつつ、前記の唸り声を上げた次第です。

旅館「豪寿庵」の檜風呂

シドニーの檜《ひのき》風呂

そんな経験を何度も重ねてきたので、今回シドニーの日本風旅館に泊まり檜風呂を発見したのには、本当に驚き、舌を巻きました。

在留邦人の方の紹介で訪れたのは、シドニー市中心部から車で二十分ほどの近距離にある旅館「豪寿庵」。十年ほど前に自宅を改装された際に、一階部分に設けた客室二室のみの、こぢんまりとした造り。でも、中身は日本そのもの。女将のリンダ・エバンスさんによれば、檜風呂は日本から直輸入の由。大人二人が楽々と一緒に浸かれる広さで、お湯が常に循環。気づいたら、日本ではないので、「やっぱり、風呂（〝日本〟ではなく）はいいなあ」（笑）と唸っていました。

驚きは客室にも。完全和室にて布団で就寝。ただし、襖《ふすま》を開けばトイレとシャワーがあり、そこは床暖房。日本の温泉宿で、寒い夜中に冷えた体でトイレまで歩く距離が長かったことに学び、「カイゼン」を試みた由。やります。心憎いばかりの細部への気配りです。そして、朝食は完璧な和定食！　米はこしひかり。

三カ月先まで予約が詰まっているという点に、いかに日本人だけではなくオージーにも人気を博しているかが、うかがわれました。

女将リンダ・エバンスさんと筆者夫婦

発展途上の温水洗浄便座

風呂に次いで日本を恋しく感じるのは、トイレです。和式便所が懐かしいわけでは毛頭ありません。そう、温水洗浄便座です。

かつて外務省の若手で、「〝ウォシュレット〟がない国には赴任したくありません」などとのたまい、上司にあきれられた男がいました。でも、気持ちは分からなくはありません。台湾や韓国では徐々に浸透しつつあるようですが、豪州はまだまだ。

後学のため、少し背伸びしてシドニー中の高級ホテルに泊まり歩いて視察（笑）を重ねてきました。その結果、客室に温水洗浄便座を備えているのは、パークハイアットホテルとクラウンホテルのみ。改装後のシャングリラホテルも導入予定とのこと。少しずつでも増えていくのは期待が持てます。

かつて、訪日したハリウッドの大スターがお土産に持ち帰ったとの噂を聞きました。これぞ日本発の「イノベーション」の好例であり、臆することなくその効用を売り込んでいくことが期待されます。ちなみに、キャンベラの大使公邸には完備してありますので、どうぞ気兼ねなくお使いください！

麺

海外暮らしで第三に懐かしく思うのは、麺です。そう、蕎麦、うどん、ラーメンの類いです。日本食ブームの昨今、寿司や天ぷら、鉄板焼きの店はいくらもありますが、いささか「難度」が高く、かつ、薄利多売が必要なためか、上質の麺店がひどく限られてしまうのです。

そう言えば、一九八〇年代後半のニューヨーク留学中、ミッドタウンのラーメン店、グリニッジビレッジの京風つけ麺店に足繁く通ったことを今も覚えています。

そんな背景を踏まえると、豪州がいかに恵まれているかが明らかになります。シドニーの蕎麦

「新ばし」「チャコラーメン」や「一番星」、メルボルンの「博多元助」など、本格的な蕎麦・ラーメン店が進出し、在留邦人だけでなく、多くのオージーが堪能しているのです。

　シドニーやメルボルンがニューヨーク、ロンドン、パリに勝るとも劣らない質の高さを誇るのも、オージーの中に多くの日本リピーターがいて、本物の味を熟知しているからでしょう。

双方向の交流へ

　ということで、風呂、トイレ、麺の三重大要素のいずれをとっても、豪州では日本人がホームシックにならないでよい方向に徐々に進んでいるともいえるでしょう。

　去る十月十一日をもって、日本の国境が完全に開きました。年末のクリスマス休暇中の豪州主要都市から日本への航空便は、ほぼ満席の由。こうして日本の「優れ物」に触れたオージーが豪州に持ち帰り、ひいては日本からの訪問客の増大につながる。そんな相乗効果に期待しながら、シドニーでカレー南蛮蕎麦を勢いよく啜り上げていました。

今なお意識が低い向きもありますが、外交官の仕事の中で、最も重要なひとつがパブリックスピーチ。任国の言語・文化・風習を習得し、聴衆の感情や考えを踏まえた上で、先方の日本に対する共感や理解を深め、できれば、心に響くような話をすることができるか？「口舌の徒」などと切り捨てられないためには、長年の鍛錬の成果と場数を踏んだ力量が問われるのです。

50 ニューカッスル大学卒業式祝辞

大学卒業式

豪州に着任した際、友好国の熟練外交官が助言してくれました。

「シンゴ、豪州勤務の間に、ナショナル・プレス・クラブでの講演と、主要大学の卒業式の祝辞の両方をやれるよう目指したら良い」

キャンベラのナショナル・プレス・クラブは、豪州でスピーチを行う場としては、最も格式と難度が高い場です。テレビの生中継で全国放送。プレッシャーも相当です。さいわい、昨年七月に貴重な機会が与えられたことは、本書「10　ナショナル・プレス・クラブ」（61頁）でご報告したとおりです。着任後二年になりますが、その間に各国大使でその栄誉に浴したのは、日本の他にはフランス、中国、ウクライナと、極めて限られます。

かたや大学卒業式は、どの大学でも最も重要な行事です。在校中の厳しいカリキュラムをこなして卒業証書を手にする学生、そして学生生活を物心両面で支えてきた両親や家族にとって、まさに晴れの日。入学式に重きを置く日本の大学とは好対照かもしれません。

ニューカッスル大学

読者の方々には、「なぜ、ニューカッスル大学の卒業式に日本大使に声がかかったのか？」と問われる方もいるでしょう。それは謎です（笑）。

ただ、今年一月にニューカッスルを訪問した際、水素の導入に熱心に取り組んでいる同市、同大学の関係者と意見交換をする機会に恵まれ、彼らの面識を得ていた経緯があります。出張の積み重ねが生きたとも、いえましょう。

ニューカッスル大学の関係者の間では、東大法学部とコロンビア大・国際関係論大学院で学んだだけでなく、東大公共政策大学院で国際法のゼミで教えていたこともある私の経歴に興味を示し、普通の大使とは違う話をしてくれるだろうという期待もあったと聞きました。

また、ゼリンスキー学長がシステム工学、コンピュータサイエンス、ロボット工学を専門とし筑波大で研究していたこと、アンダーソン教授が北大で教鞭を執っていたことも、大きな要素でした。

ニューカッスル再訪

冒頭の同僚外交官のアドバイスもあったので、大学から招待状を受けるや否や、二つ返事で快諾。でも、実際にニューカッスルに行くのは、そう容易ではありません。キャンベラから、およそ車で五～六時間もかかる距離なのです。

本来であれば、飛行機で行くと楽なのですが、コロナ禍後の航空運賃の急騰もあり、出張旅費が逼迫。そこで、体への負担は大きいものの、陸路車で移動し、卒業式に臨みました。

ニューサウスウェールズ州の北部に所在し、長年石炭の積み出し港として日本との貿易でも大きな役割を果たしてきた町です。前夜には同地に居住し、石炭貿易に深く関わっている在留邦人の方々と、じっくりと懇談する機会を設けられたのは幸いでした。

ちなみに、日本が輸入している石炭の約七割は豪州産。その多くがニューカッスル港から積み出されています。脱炭素

晴れ上がったニューカッスルの港

社会の実現に向けて化石燃料からの転換を目指すことは言うまでもないとして、あくまでも漸進的、現実的なアプローチをとることの必要性をニューカッスルの現場は教えてくれました。

当日の模様

さて、卒業式当日。実は、学生が多数にのぼり、かつ、すべての学生に直接卒業証書が手渡されるので、十二月十二日から十四日までの三日間にわたり、卒業式が十回近くに分けて行われるのです。したがって、祝辞を述べる来賓も十名に上り、ジュリア・ギラード元首相まで名を連ねるほどの豪華キャスト。私などに声をかけて貰い、汗顔の至りでした。

私が出席したのは、十四日の午前の部の卒業式。送り出す学生は約三百五十名。千二百名は収容可能とされる大ホールは、卒業生だけでなく、父兄や友人でほぼ満員となりました。

ジーンズ理事長、ゼリンスキー学長他と並んでガウンをまとって式に臨み、祝辞を語りました。型どおりの挨拶では平板すぎると思い、恥を忍んで自分の受験の失敗や、思い通りにいかなかった役人生活の経験を振り返りつつ、日本の諺《ことわざ》を紹介。明日の社会に漕ぎ出していく若者への贈る言葉としました。

「七転び八起き」「井の中の蛙《かわず》、大海を知らず」「歳月、人を待たず」「孝行のしたい時分には親はなし」といった諺を、自らの半生を顧みて、自分自身に問いかけるように語ってみました。心優しい豪州の学生たちは目を輝かせて、よく聞いてくれました（スピーチ原稿を巻末14頁に掲載）。

一つ残念だったのは、卒業証書を受け取った三百五十名の学生の中には相当な数の中国人学生や韓国系学生がいた一方、日本人らしき学生が一人も見当たらなかったことです。そこで、「来たれ日本人学生、豪州へ」とシャウトしておきましょう。

反響

嬉しかったのは、大学関係者からの賛辞に加えて、講演後に何人かの父兄が近づいてきて、「凄く良い話をしてくれた」との言葉をいただいたことです。

そのうちの一人の父親は、「息子が卒業した」と誇らしげに語りかけながら、「貴方のスピーチに感動した。ありがとう」と言ってくれました。こんな時、命を受けて豪州の地で大使を務めていることの喜びを感じるのです。

今年、最後のビッグスピーチ。豪州を熟知した大使館広報文化班の現地スタッフと額をつき合わせて綿密に打ち合わせを重ね、彼らの際だって高い能力なくしては成し遂げられなかったスピーチ。実に大きな達成感を得ることができました。

ジーンズ理事長（左）、ゼリンスキー学長（右）と筆者夫婦
（写真：ニューカッスル大学）

[III]
2023年

51 インディアン・パシフィック・レール

二年前の豪州赴任当時、在任中にしておきたいと心の中で念じていたことがいくつかあります。その一つが、有名なインディアン・パシフィック・レール（鉄道）で豪州大陸を横断すること。コロナ禍で延期になっていたものの、漸く昨年末に実現したのです。興奮覚めやらぬうちに、ご報告します（口絵8―6）。

「天の川が降ってくる」

一九八〇年代前半に駐豪州大使を務めていた大先輩で柳谷《やなぎや》謙介という有名な外交官がいます。その後、外務次官を務め、外務省ではレジェンドのような方です。私が入省一年生の時、ひょんな展開で、羽田空港に向かう柳谷次官（当時）の公用車の助手席に乗り合わせる千載一遇の機会があり、懐の深いお人柄に接しました。今も大事な思い出です。

その三十六年後の豪州赴任直前、共通の知人による紹介で、今は亡き柳谷大使のご子息と軽井沢でお会いすることができたのです。その時、私と同年代のご子息にこう言われました。

「インディアン・パシフィック・レールはお薦めです。あんなに天の川が間近に見えた経験は二度とないですから。星が降ってくるんですよ」

この言葉を聞いた途端、私の心は決まりました。絶対に乗る、と。

壮大なスケール

連邦制の豪州では鉄道の軌間さえ各州で異なり、太平洋岸のシドニーからインド洋岸のパースに鉄道で赴くためには、最低五回は客車を乗り換えなければならないとされていました。漸く一九七〇年になって、乗り換えをせずに一気通貫で大陸横断ができるようになったそうです。インディアン・パシフィック・レールがつなぐ距離は、なんと四千三百五十二キロ。今回の大陸横断に従事したのは、鉄道車両三十七両、乗客二百二十五名、乗務員三十名に及ぶ大コンボイ。まさに人間集団の大移動でした。ちなみに、一車両あたりの使用可能水量は三千リットルの由。道理で、シャワーの水圧も十分に強かった訳です。

時速は平均八十五キロ、最速でも百十五キロ。後述のように、要所で停車しサイドツアーが組まれており、全行程を三泊四日という比較的ゆったりした旅程で駆け抜けるプログラムです。

心配だったこと

実は、家人にさえ言えずに密かに悩んでいたことがあります。狭小なスペースへの心配です。

■ インディアン・パシフィック・レール全行程図。
まさに豪州を"横断"していることがお分かりいただけると思います

（出典：インディアン・パシフィック・レール資料）

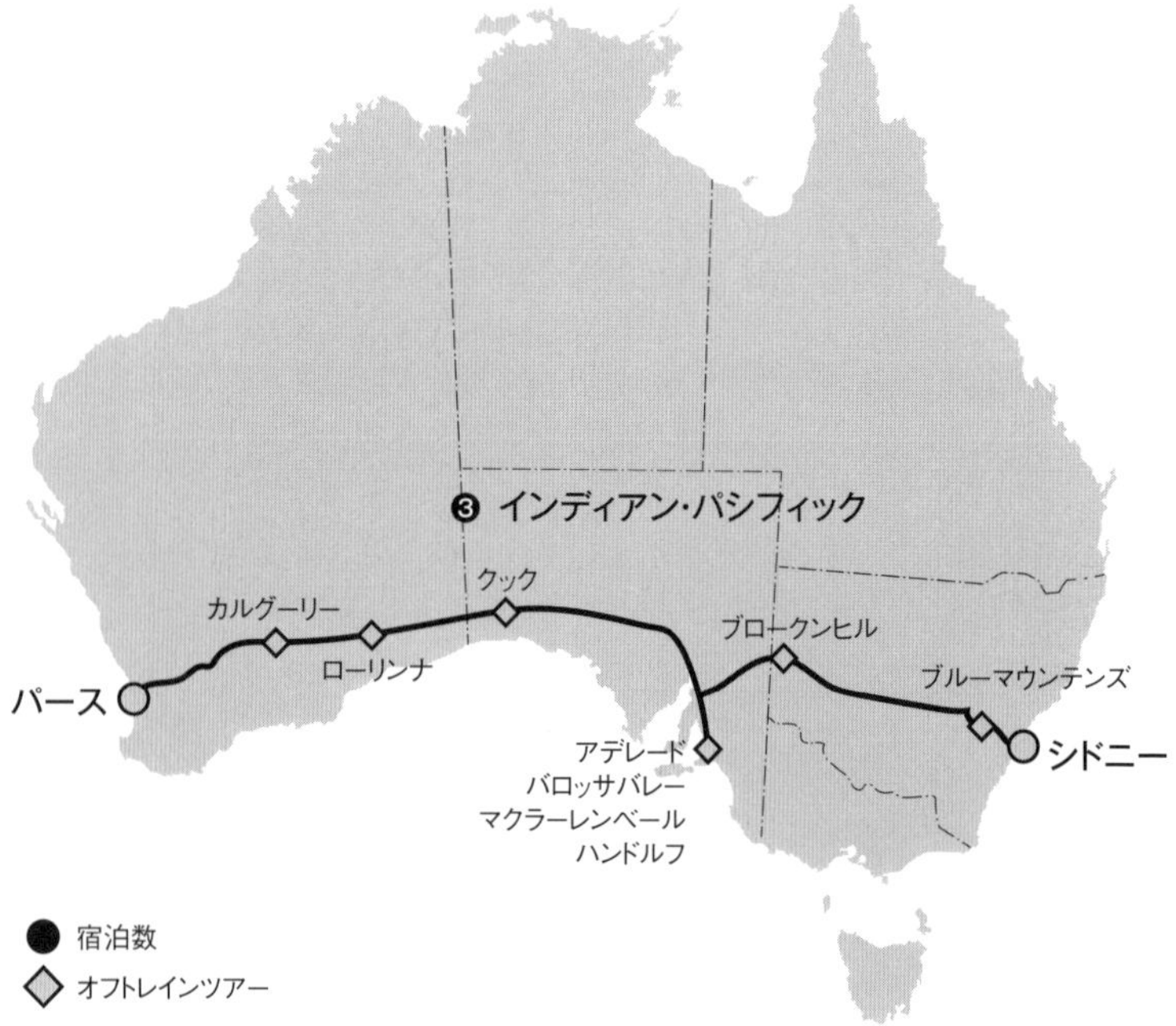

別に深窓の貴公子として育てられたわけではないのですが、「ウサギ追いし、かの山」ならぬ、広々とした多摩丘陵で育ったせいか、狭苦しいスペースがとことん苦手なのです（笑）。ですので、例えば潜水艦搭乗などは、たとえ、日本が誇るそうりゅう型であろうが、絶対に無理。今回の列車旅行も、三泊という長さに鑑み、背伸びして最上級のプラチナクラス、したがって、一番スペースの広いクラスを選んでみました。

お陰様で、自室にトイレ、シャワー付きの贅沢な間取り。それ以外の客室部分だけで三畳分くらいはあったでしょうか。昼間は列車の座席に転換。夜は係員がベッドメーキングをしてくれて、シングルベッドが二つ設置される、なかなか優れもののレイアウトでした。

窓が開かず、新鮮な外気を吸えなかったのはプレッシャーでしたが、スペースの広い食堂車の存在と日ごとのサイドツアーに救われて、何とかやりおおせました。プラチナクラスは僅か二十名のみ。食事のたびに食堂車で顔を合わせるため、自然に会話が弾むようになりました。リタイアされた方が多く、我々が一番の年少者であった印象です。

睡眠・食事

「寝られたか？」、ですか。うーん、それは静かな寝室で休むのとは全然違います。時速百キロ程度とはいえ、かなり揺れますし、レールや客車が軋《きし》む音は常時つきもの。パースに到着し、定宿のホテルにチェックインした時、その静謐に安堵しました。でも、三泊であれば十分に満喫できるように思いました。

嬉しい発見は、食堂車の食事の充実ぶり！　毎食メニューが代わり、豪州ワインは飲み放題。食事の量・質、サービス、いずれも満足できるレベルでした。豪州独特のカンガルー肉に加え、ラクダ肉のカレーライスに舌鼓を打ちました。

車窓風景

これまでパースへは、二年間の在勤中に既に四回、足を運んできました。至近は昨年十月の岸田総理の豪州訪問時。ただ、いつも飛行機での出張だったので、今回はパースに赴く途中の景色の変化にひときわ高い関心を持っていました。

というのも、若い頃の米国留学中、三回にわたって車で大陸横断をした経験があります。米国の地形、景色、風土、さらには歴史や人心についての理解を深める絶好の機会になったからです。

ニューサウスウェールズ州、南オーストラリア州、西オーストラリア州の三州をカバーし、シドニー、アデレード、パースという豪州の主要三都市をつなぐインディアン・パシ

食堂車からの車窓風景

フィック・レール。豪州を知る上でこれ以上の生きた学びはない、と実感しました（口絵8－7）。

サイド・トリップ

この鉄道旅行の心憎いのは、所々でサイドツアーが組まれていることです。例えば、アデレードに着くと、乗客の希望に応じて、バロッサバレーやマクラーレンベールのワイナリーをバスで訪問し、そこで地元ワインを嗜《たしな》みつつ夕食を楽しむようなプログラムが一例です。

三泊目の最後の夜は、西オーストラリア州のアウトバック（荒野）にあるローリンナ駅で、星空を見上げながらの屋外夕食会。信州の凍てつく冬の満天の星の輝きを見慣れてきた私でさえ、「おお」と感嘆の声を上げました。それほど、木星、火星、オリオン座、そして名にし負う南十字星などが、「我、ここにあり」と競わんばかりに煌々と光を放っているのです。

柳谷大使ご子息のお薦めを思い出し、「本当に来て良かった」と家人と二人深く頷き合いました。残念なことに、私のスマホと撮影技術では、あの夜空の煌めきを画像に収めることは到底できませんでした。ということで、百聞は一見にしかず。いらしてください、豪州鉄道の旅へ。

総括

ある米国の旅行作家が豪州の荒野を体験し、「怖いほどの空虚（intimidating emptiness）」と評したことがあります。今回、鉄道の車窓から、人っ子一人どころかカンガルー一匹さえ何百キロにわたっても見当たらない風景に触れるにつれ、確かに「ここに一人とり残されたらどうなるのだろう」という、富士山の樹海に似た恐怖を感じました。なにせ、携帯電話もメールも、「圏外」でつながりさえしません。広大な大自然を前にして無力な人間を象徴するかのようでした。

同時に、地平線一杯に広がる土漠にさえ、いくつもの緑が点在する有様を見るにつけ、水と生物の存在を感じたことも事実です。また、無限に広がるかのような赤土の大地を目の当たりにし、その下に存在する石炭、鉄鉱石、ガス、そしてレアアースに思いを致しました。これらが豪州に莫大な利益をもたらし、さらには日本企業の経済活動と日本人の日常生活を支えてきていることを思うと、「ラッキーカントリー」という月並みなひと言では言い尽くせない、天の配剤と豊穣の大地のありがたみを実感するのです。

あの星たちのまばゆいまでの煌めきと共に、いつまでも忘れ得ない大陸横断の旅となりました（**口絵8―8**）。

52 オール・ジャパンの力

先週は大仕事がありました。天皇誕生日レセプションを二月十四日に大使公邸で開催したからです。もちろん、大使館にとっては一年で最重要の行事ですが、日本国にとっても「ナショナル・デイ」。私にとってはキャンベラ赴任後、三回目。今まで培った経験と人脈を総動員し、オール・ジャパンの総力を結集しました。今回は、そのご報告です。

歴代最高レベルの招客

キャンベラの日本大使公邸を訪れる多くの方から受ける指摘があります。それは、「近隣の諸外

好天にも恵まれ、多くのゲストが詰めかけたレセプションの様子

国大使公邸に比べて日本大使公邸の建物自体は控え目だけれど、最大の強みは広い日本庭園があることですね」というものです。

しかも、芝生の庭に加えて、池、石庭、東屋を備えた回遊式。このスペースを最大限活用しつつ、できるかぎり多くの人を招待しようと企画しました。南半球の二月は、屋外パーティーに相応しい時期でもあるからです。

豪州の政・財・官・学・マスコミはもちろんのこと、在留邦人の方々は夫妻で、さらには、日本と縁の深い第三国の大使・武官他にお声がけしました。その結果、六百名以上の方々が出席、昨年の四百名を大幅に上回ることとなりました。

キャンベラだけでなく、シドニー、メルボルン、ブリスベン、ゴールドコースト、パースなど豪州各地からお越しいただき、誠に心強く感じました。

並み居るVIP

式典での主賓としてのスピーチは、アルバニージー政権の副首相兼国防大臣であるリチャード・マールズ氏とドン・ファレル貿易大臣に依頼しました。両大臣とも、昨年五月の就任以来、訪日しただけでなく、公邸での会食のために来訪された経緯があります。私からスピーチをお願いしたのに対し、早速快諾が得られました。

乾杯の音頭は、通常は、豪州外務貿易省儀典長と主催国大使の二人が行うのが習わし。しかる

スピーチをするマールズ副首相兼国防大臣（左）とファレル貿易大臣（右）

に、今回は、外交当局だけに尽きない日豪関係を体現すべく、豪州側からは豪日議連会長のカトリーナ・ビリック上院議員（労働党、タスマニア州）、日本側からは松永義明・茶道裏千家淡交会シドニー協会会長の鳳声《ほうせい》をいただきました。

日頃から懇親を深めてきたトニー・アボット、スコット・モリソンという二人の首相経験者の出席が得られたのは、非常に名誉なことでした（**口絵2-2・3**）。加えて、ピーター・ダットン野党リーダー、トニー・スミス、アンドリュー・ウォレスの二人の下院議長経験者、サイモン・バーミンガム影の外相（元貿易大臣）をはじめ錚々たる顔ぶれが揃いました。

出席していた何人もの豪州人から、「与野党双方にまたがって要人が出席したことに大使館のネットワーキング努力を感じた」との高い評価を得ました。政治的立場の相違を越えて日豪関係の重要性が認識されていることの証左とも言えるでしょう。

豪州の情報機関や国防軍の幹部がほぼ勢揃いしてくれたことも、嬉しい限りです。情報分野や安全保障分野での近年の

乾杯の音頭を取る松永会長（左）、ビリック議員（右）

日豪協力の幾何級数的な進展がうかがわれます。

日本企業の底力

これだけの豪州要人が集まる機会となったのです。せっかくのチャンスを生かすべく、自動車、アパレル、製造業、エネルギー、交通、観光など、様々な分野の日本企業・団体計三十社の協賛を得て、自社製品やビデオ、パンフレットの展示を行いました。

ユニクロ、キッコーマン、ヤクルト、サントリー、伊藤園、ＪＲ東海などからのお土産は、大きな賑わいを集めました。ユニクロは、コンテナ式の大きな展示施設を披露しただけでなく、招客全員にダウンジャケットのお土産を提供。冬の寒さが厳しいキャンベラでの開店を待ちわびている人たちから歓声が上がっていました。

また、ＷＯＴＡ社は、斬新な浄水施設を日本からはるばる持ち込んでデモンストレーション。水不足に悩まされがちな豪州の実情にマッチした企画として、強い関心を呼んでいま

ピーター・ダットン野党リーダーと

した。

さらに、ヤマハは、自社のヘリコプター型ドローンによるデモ飛行を二回にわたり実施。豪州の農作業などに欠かせない散水までしたのは、何ともリアルでした。列席の軍・情報機関関係者に対しては、私のスピーチで「決して打ち落とさないでください」と注意喚起しておいたためか、ドローンが撃墜されることはなく（笑）、完璧なまでにランディングポイントに着陸しました。

文化の力

今回のテーマは日豪のコラボ。

そこで、文化行事では、旧知のゲスナー多恵さんにお願いし、二〇二二年のシドニーでの「ジャパナルー」（日本祭り）や昨年の当館主催「春のレセプション」で大好評を博したＷＡＢＯＲＩの着物ショーを公邸で実演していただきました。アボリジナルアートを生かした着物をまとったパフォーマーが繰り広げる幽玄の世界。熱心に見入っていた観客の驚きと感動が伝わってきました。

また、豪州人愛好家による合気道のきびきびとした実演、豪海軍軍楽隊による日豪両国歌の斉唱やレセプション中の歌唱・伴奏も、レセプションに活気と華やぎを与えてくれました。

和食の力

むろん、このようなレセプションで欠かせないのは、食事とお酒。日本大使館の最大のセールスポイントでもあります。

数日前から小形公邸料理人と公邸スタッフらが週末返上で準備に当たり、招客が日本食を堪能できるよう万全の努力をしました。例えば、寿司は六百食、餃子は千八百個。何人かの大使館員夫人が私の家内と共に餃子を丹念にこしらえる姿を見ながら、このレセプションは是が非でも成功させなければならないと心に誓っていました。

そんな中で強力な援軍が、遥か遠方から駆けつけてくれました。西豪州のパース近郊のヤンチェップでファーム（放牧場）を営む東急が、寛大にも大量の牛肉を寄付してくれたのです。渋

日豪伝統文化をコラボさせた着物ショー「WABORI」

合気道道場「AikiLife Dojo」による迫力のパフォーマンス

谷のセルリアンタワー東急ホテル出身の小形料理人が腕を振るってローストビーフを調理。多くの招客が舌鼓を打っていたのが印象に残りました。

また、例年大人気のmatchamatchaの抹茶ソフトクリームは飛ぶようになくなりました。豪州でも根強い人気を誇るキリンやアサヒのビール、そして東北その他の日本酒が多くの人を集めていたことは、言うまでもありません。

広報

天皇誕生日レセプションに従事した関係者一人ひとりのこうした献身と尽力が伝わったのでしょうか？　レセプションに先立って、評論家のポール・モンク氏が好意的な記事をオーストラリアン紙に書いてくれました。かつてなかった展開です。

また、当日シドニーから豪州人の奥様と駆けつけてくれたＴＢＳの飯島氏は、レセプションの模様を細大漏らさず捉えた報道をしてくれました。

さらなる高みへ

以上のとおり、広がりと深みを増しつつある日豪関係を象徴する天皇誕生日レセプションとなりました。

在任二年を超えた私にとっては、おそらく豪州の大勢の友人・知人の前で挨拶ができる最後の機会となる見込みです。そこで、スピーチの最中には、ジョークをふんだんに交えるとともに、当初は読み上げるはずだったフランク・シナトラの「マイウェイ」（My Way）のさびの部分（悔いはあるけど少なすぎて口に出すほどじゃないという、あの洒落たくだり）をアカペラで歌唱。ファレル大臣からは、「第二の人生では、歌手は目指さない方がよい」と諭《さと》される始末でした（笑）（**口絵3−1**）。

それはともかく、今回のレセプションでは、民と官との垣根を越えてオール・ジャパンで力を合わせたお陰で、日豪関係をさらなる高みに引き上げる格好の弾みがつきました。時の経つのも忘れて真夜中過ぎまで招客の方々と日本のウイスキーグラスを傾けながら、達成感に包まれることができました。

終章

二〇二〇年末にキャンベラに着任以来二〇二三年四月に離任するまでの二年四カ月、百二十パーセントの力で駆け抜けた。

人脈構築、情報収集、対外発信という大使の仕事の三重要局面のそれぞれで「違い」を出すべく、一球入魂で全力投球した。首都キャンベラにとどまることなく、任期中の豪州国内出張は五十回を超えた。豪州の各州・準州に何度も足を伸ばし、豪州事情を学ぶとともに、「日本」を売り込んだ。ある本省幹部は、こんな仕事ぶりを「鬼神のようだ」と表現した。何かに取り憑《つ》かれたように見えていたのかもしれない。

周囲の多くの方が私の健康を気遣ってくれた。自分自身で振り返ってみても、二度とできないのではないかと思うほどだった。なぜ、そこまで頑張れたのだろうか？

背景にあるのは、日豪関係を巡る時代・環境の変化だ。両国間の関係は、今や幾何級数的に拡大・深化しており、伝統的な貿易・投資関係にとどまらずに、安全保障協力や人的交流の分野でも絆が年々強まっていることは間違いない。円滑化協定の署名、安全保障協力についての共同声明の改定の歴史的意義は、つとに指摘されるところだ。

民主主義、人権の尊重、法の支配、市場経済といった基本的価値だけでなく、戦略的利益を共有し、自由で開かれたインド太平洋の実現を目指して共に協力する日本とオーストラリア。昨年はアルバニージー首相が日本を二度訪問し、岸田総理もパースを訪問した。今年は広島で開催されたG7サミット首脳会合にアルバニージー首相がアウトリーチ国として招待され、再び訪日した。これほどの頻度で首脳の往来が行われることなど、どの国との関係でも、まずないことだ。

日豪関係は、そこまでの高みに来ているのだ。だからこそ、日本大使にも自ずと声がかかることになる。大使の出番は、放っておいても山とある。「声がかかるうちが花」とばかり、スピーチ、インタビューの要請には、基本的にすべて応じた。

でも、私のモチベーションの源は、それだけでなかった。昨今の外交当局に根強い「在外軽視」の風潮に対して、警鐘をならしたいとの反骨心もあった。在外こそが外交官の主戦場であり、本省幹部でいるよりも遥かに大きな「違い」を出せるところを示したかった。そうしたやり甲斐を後輩や若手に示していくことこそが、「霞ヶ関はブラックだ」として有為の人材が去り、士気が低下していくことを防ぐ最善の方策だとの思いもあった。

赴任当初から走り続けて二年近く経った頃、オーストラリアの駐日大使を務めたことのある有力者から、こう言われた。

「素晴らしいパフォーマンスだ。歴代で最高の日本大使だ。豪州は貴使を大使に迎えることができ、本当に幸せだ」

もちろん、社交辞令だろう。でも、日頃浮わついたことを決して言わない誠意あふれる人物からそこまで言ってもらい、素直に嬉しかった。外交官人生で最高の勲章だと思った。

また、二〇二三年四月二十四日。キャンベラでの離任送別夕食会に駆けつけてくれたのがトニー・アボット元首相だった。「開けてごらん」と言われて手渡された贈り物は、ジョン・ハワード、トニー・アボット、スコット・モリソンの首相経験者三人から私への合同のプレゼントだと言う。

包みを開けた私を待っていたのは、豪州のユーカリの木を思い出させる落ち着いた緑色のダイアルのセイコーの腕時計だった。何とも粋な計らいだったが、スティールのバンドに刻まれたメッセージを読んで度肝を抜かれた。

「三人の首相から日本の最も偉大な大使への贈り物。貴使の勇気と知的リーダーシップに感謝して」と記されていた。

人生最初で最後にして最大の名誉だと感じ入った。

キャンベラでの二年余の時間は、四十年近くにわたる外務省生活の中で、間違いなく一番充実し、光り輝いていた。これ以上のやり甲斐を感じたことはなかった。ある先輩外交官が、「政治主導」の世の中にあっては、大使ポストは「霞ヶ関の最後の聖域」と称したことがある。自分で実際にやってみて、さもありなんと得心した。

このように充実した大使生活を送ることができたのは、ひとえに、いつも側にいて私を支え、私の判断を信じてついてきてくれた妻の心温まる助言と絶大な支援があってのものだ。また、小形公邸料理人の明治人のような拘り、強靱な粘りと抜群の活躍なくして、大使公邸に三人の元首相、十五人近くの現職閣僚をはじめとする、あれだけの豪州人VIPや在留邦人を引きつけることはできなかっただろう。

そして私と志を共有してくれた館員（本官及び現地職員）、特に、秘書のニコルと運転手のジム、額をつき合わせて相談し数々の味わい深いスピーチを一緒になって書いてくれたグレッグ、サイモン、かずこさん、公邸バトラーのゆりこさん達がいたからこそ、と認識している。殊に、現地採用の豪州人、日本人スタッフの間に、他の在外公館ではなかなか見かけないような無私の献身と傑出したパフォーマンスをしばしば見いだし、百万の援軍を得た感がした。

そこで、彼らの献身と貢献に対する敬意と感謝の気持ちも込めて、この奮闘記を記録として残すこととした。チーム・ジャパンとして力を合わせればこれだけの仕事ができるとのメッセージを、後の世代に残しておくことに意義があるのではないか、と考えたのだ。

遺憾ながら、今や外務省の多くの先輩、現役幹部、そして若手までもが、離職者の急増に象徴される組織の停滞と士気の低下を深刻に憂えている状況にある。そんな中、在外で一隅を照らすべく力の限りを尽くしている同僚たちの営みが力を増し、そして他の公館や本省部局との相乗作用を生み出していくことを切望している。それこそが、進行中の深刻な劣化を食い止め、反転させる道であることを信じて疑わない。

二〇二三年七月

山上信吾

山上信吾（やまがみ　しんご）
東京大学法学部卒業後、1984年外務省入省。コロンビア大学大学院留学。米国、香港、ジュネーブで在外勤務。北米二課長、条約課長を務めた後、茨城県警本部警務部長という異色の経歴を経て在英国日本国大使館公使、国際法局審議官、総合外交政策局審議官（政策企画・国際安全保障担当大使）、日本国際問題研究所所長代行を歴任。その後、2017年国際情報統括官、18年経済局長。20年12月、駐豪日本大使に着任し、23年4月まで務めた。

南《みなみ》半《はん》球《きゅう》便《だよ》り
駐《ちゅう》豪《ごう》大《たい》使《し》の外《がい》交《こう》最《さい》前《ぜん》線《せん》体《たい》験《けん》記《き》

二〇二三年七月三一日　初版第一刷発行
二〇二三年一一月四日　初版第二刷発行

著者　山《やま》上《がみ》信《しん》吾《ご》
発行　株式会社文藝春秋企画出版部
発売　株式会社文藝春秋
〒一〇二-八〇〇八
東京都千代田区紀尾井町三-二三
電話　〇三-三二八八-六九三五（直通）

装丁・本文デザイン　藤井康正
印刷・製本　株式会社フクイン

万一、落丁・乱丁の場合は、お手数ですが文藝春秋企画出版部宛にお送りください。送料当社負担でお取り替えいたします。
定価はカバーに表示してあります。

 ISBN978-4-16-009050-7

［付録］
英文スピーチ原稿二篇

Manuscripts of Two Speeches

ナショナル・プレス・クラブでのスピーチ →和文61ページに関連文章

Japan-Australia Relations: Current Situation and Future Prospects

National Press Club, 21 July, 2021

One of the great joys of being an Ambassador is the opportunity to meet face to face with people from all walks of life. COVID-19 has made this challenging. But Australia's success in containing the virus has made it standout in the international community.

And so, in the months that followed my arrival late last year, I had the fortune of meeting people in each state and territory. In the words of a great Aussie tune, 'I've been everywhere, man'.

Today, we gather on the traditional lands of the Ngunnawal people. One of my fondest memories was in the Riverland in South Australia. There, my wife and I were gifted this beautiful handmade bracelet by Kokatha artist, Ms Ena Turner. The intricate beads depict the Japanese flag. I carry this today out of respect to the Traditional Custodians of this beautiful country.

Another great joy is the opportunity to get to know a nation through its film and literature. Recommendations from Aussie friends have enriched my spare time. From a wasteland in *Mad Max*, to a nation of suburban battlers in *The Castle*, Australia certainly has many faces. My recent favourite is *Penguin Bloom*. This true story of a resilient Aussie family reduced my terror of magpies. I won't say I'm cured.

In just two days, people will gather around screens to watch the opening ceremony of the Tokyo Olympics. Like film and literature, sport can transcend borders and build bridges. There is no denying these Olympics are being held

under tremendous difficulties. But a safe and secure Games will be a symbol of global unity in overcoming the pandemic.

Australia has been a true friend to Japan in the lead up to this. I was very touched by Prime Minister Scott Morrison and Opposition Leader Anthony Albanese's words of encouragement in parliament. Another encouragement came from the Australian softball team. These true-blue embodiments of the Aussie Spirit were the first team to arrive in Japan. Just a few hours ago, they faced off against the Japanese softball team, Soft Japan, in the much anticipated opening game of the Olympics. I'm happy to report that Soft Japan proved they're not so soft after all.

The game took place in Fukushima, a community that went through adversity beyond description. Ten years ago, Japan faced one of its darkest hours: the Tohoku earthquake, tsunami and nuclear accident.

Here again, Australia proved itself a true mate to Japan. The Royal Australian Air Force transported food, water, supplies, and personnel to areas in need. Then Prime Minister Julia Gillard crossed oceans to visit the hardest hit regions and speak with survivors. For this, she will receive Japan's highest honour, the Grand Cordon of the Order of the Rising Sun, later this year.

Japan has endeavoured at every opportunity to return Australia's friendship. During the Black Summer bushfires, two Japanese Self-Defense Force aircraft were dispatched to assist with the disaster response. It was the first time the JSDF had responded to bushfires abroad.

Now, lest anybody should think Ambassadors just watch movies and sport, I'd like to turn to the main topic for today. I want us to think about how far Japan and Australia have come. And I'd like to open up a discussion about what could come next. I want to turn the focus onto our ties in 15 years' time. And in doing so, I would like to consider some of the most pressing questions. How can we maintain our mutual prosperity? How can

we ensure that our region, the Indo-Pacific, is free, open, inclusive and prosperous? And, how can we guarantee a rules-based international order in which disputes are resolved peacefully, free from coercion and in accordance with international law?

Japan and Australia: Where we started

First, how far we have come. In order to consider this we must look at where we started. Japan and Australia's relationship has long been defined by deep economic complementarity. The roots of this are older than Australia's federation.

At the turn of the 19th to the 20th Century, a Japanese government delegation visited Australia, identifying it as a promising trade partner. This potential had long been recognised by the private sector. Japanese trading houses had set up what would become a more than century-long presence in Australia. The delegation recommended the establishment of the first Japanese diplomatic mission in Australia. Exactly 125 years ago, this was realised in Townsville. Soon after a regular shipping route commenced between Yokohama and Sydney.

Six decades later, these trade relations were given a strong framework through Japan's accession to the GATT and our Commerce Agreement. Japan then became Australia's largest trading partner – a position it held for 40 years. Without even having seen the film *Japanese Story* or read Patrick White's *Voss*, Japanese people developed a fascination with the vastness and beauty of the Aussie landscape, driving unprecedented growth in the tourism industry. And a cycle of Japanese investment and reinvestment gained traction, creating jobs and boosting economic growth.

Australian exporters also made significant headways. Aussie cheese, beef and then sugar captured the largest share of the Japanese market. Today, their

market shares have reached 23, 45 and 82% respectively. Resources exports to Japan also boomed. When visiting resource-rich Queensland and Western Australia, I was humbled by the generous words of people there. Without Japan, they said, Australia would not enjoy the prosperity it does today. No other country in Australia's history has been so involved in every stage of the supply chain: finding, digging and shipping the resources that have helped regional communities to flourish.

What I'd like to add is that it has gone both ways. Without the stable supply of resources, the Japanese economy would not have grown this big or this mature. But the greatest benefit of our economic complementarity has not shown up on balance sheets. It has been the increased engagement between our business communities. Not for short-term profit. But as a dedicated long-term commitment.

This became a seed of mutual trust which grew into the roots that anchor our relationship. The people of our nations came to understand what we had in common. They understood that we share the faith in the free market economy. That we value democracy and human rights. And, above all, that we uphold the rule of law.

The past 15 years: How far we have come

What is most astonishing however, is how our relationship has deepened and broadened over the past 15 years. We are no longer defined solely by trade and investment. I just mentioned our shared values. But our relationship today is also underpinned by shared strategic interests.

In 2007, our Prime Ministers signed the Joint Declaration on Security Cooperation. In this same year, our Foreign Affairs Ministers and Defence Ministers came together for the first 2+2 consultations. In 2014, Prime Minister Abe declared in the Australian parliament that, having deepened our

economic ties, we would now join up in a scrum, just like rugby, to nurture a regional and world order and to safeguard peace. And that's exactly what we have been doing. We elevated our relationship to a Special Strategic Partnership.

We created momentum for the QUAD, culminating in the historic, first-ever leaders meeting in March of this year. There, Japan and Australia, along with the US and India, agreed to support principles such as the rule of law, freedom of navigation and overflight, peaceful settlement of disputes, democratic values and territorial integrity. We also agreed to boost the manufacturing and distribution of up to 1 billion doses of vaccines in the Indo-Pacific region.

This is not to say that our economic relationship waned on the sidelines. On the contrary, over the past 15 years trade between our nations has increased by around 60%. This was spurred on by the conclusion of our landmark Economic Partnership Agreement in 2015.

Australian coal, the first traded commodity to Japan back in 1865, today makes up over half of all Japanese coal imports. For Australia, that is over a quarter of all coal exports. For Aussie LNG, the proportion that goes to Japan is even higher at around 40%. Likewise, after a century-long export history to Japan, Australian iron ore continues to be essential to the Japanese economy. Over half of all Japan's imports of the mineral originate right here.

Investment has grown even further. Over the past 15 years it has increased sixfold. Today Japan is Australia's second largest investor. The total stock value of this investment has reached $132 billion dollars.

Significantly, Japanese companies have continued to reinvest earnings from their Australian businesses, contributing to well over 70 thousand jobs. In the film *Muriel's Wedding*, the bumbling businessman Bill Heslop struggled to tell the difference between Japan and its neighbours. Those days are long

gone. The economic boost has been two-way.

Australian tourists have become a significant asset for Japan's tourism industry. Did you know that Aussies are the biggest spenders with an average of three thousand dollars per trip? At 13 days, their average stay is also one of the longest. This has led to an Aussie investment boom in ski resorts like Niseko and Hakuba. A flight crewmember once remarked to me that on every plane out of Japan, at least one poor Aussie with broken limbs can be spotted. Once borders reopen, their limbs could certainly return to Japan for a hot spring.

Our commitment to the liberalisation of trade and the rule of law also led us to work together to promote regional economic integration. We ensured the entry into force of the CPTPP. Our nations also became the driving force behind RCEP.

In honour of the Aussie Spirit squad, I would like to update the rugby metaphor into a softball one. Japan and Australia now have all bases loaded, ready for a grand slam home run. In the next 15 years, we can achieve prosperity and stability beyond that of the last.

The next 15 years: A vision for the future of Japan-Australia ties

So while we celebrate our success story, we must also look ahead. Opportunities and challenges facing our nations leave no room for complacency.

Where do we want to be 15 years from now? I would like to answer this question from three angles: our economic partnership, climate partnership and security partnership.

Economic partnership

Let's start where we began, with our economic partnership. How can we

ensure our nations are economically resilient as we face growing difficulties? To answer this question, I'd like to focus on trade, infrastructure and space.

Trade

As the world's second largest advanced economy, with over 126 million sophisticated consumers, the Japanese market is of course competitive. But I have faith in the quality and competitiveness of Australian goods. And the sales efforts of Aussie businesses are up to the task.

For wine, the time is ripe. The groundwork for an Australian wine boom has been laid by our EPA. As of April this year, all tariffs on bottled wine have been reduced to zero. I've nothing against a reasonably priced wine. But the quality Aussie cheese and beef dominating the Japanese market needs to be paired with quality wine. I would love to see some of those top-range labels at my local Tokyo bottle-o.

Infrastructure

Likewise, Japan is seeking opportunities to provide more of its unique technology and expertise to meet the needs of Australian businesses. One area of potential is infrastructure. Japanese experience in this field, particularly in high-speed rail, could dramatically revitalise the way of life in this country. I'm sure there are many journalists here today who frequently travel between Sydney and Canberra. With high-speed rail, this journey could be shortened to an hour. And the great leg from Melbourne to Sydney to a meagre 3 hours. For me, the Shinkansen has been a game changer. It allowed me to commute 150 kilometres through the mountains of Nagano to Tokyo for work. What used to be more than a 3 hour trip became a single hour.

Both Australia and Japan already have esteemed global reputations for liveability. But we also face the challenge of rapidly developing cities. We all

know that Greater Sydney is one of the fastest growing regions in the world. Already Japanese companies are contributing to the transformation of this city. Half a dozen Japanese infrastructure players have signed agreements to partner with the State government on a range of initiatives. And Japanese involvement in the re-construction of the city's northwest has led to Australia's first fully automated rail network.

Space

Japan can also assist with Australia's goal of tripling the commercial space sector's contribution to GDP by 2030. Our space agency JAXA has led dozens of international space exploration missions. The most recent of these, the Hayabusa2 mission, was carried out in cooperation with Australia. The asteroid samples collected may provide insights into the origins of the solar system and life on Earth.

During the Black Summer bushfires Japan's Himawari-8 satellite enabled Australia to use near real-time imagery to detect bushfire hotspots. Australia's Optus C1, the world's largest hybrid commercial and military satellite, also utilises Japanese technology to provide communications services to remote areas of Australia.

When I visited the Australian Space Agency in Adelaide, I was lucky enough to receive a limited edition Koalanaut. For those of you who haven't seen one of these, they are an adorable soft toy koala dressed as an astronaut. Hopefully, with advances in space technology, eucalypt will germinate on the moon. Otherwise they're going to get very hungry up there.

The Rules-based international order

Of course, our economic prosperity is contingent on the preservation of a rules-based international order. Here again, what we do together matters. Our

cooperation can help to keep this most vital framework intact. Over the next 15 years, this will not be easy.

To quote the words of Prime Minister Suga and Prime Minister Morrison, 'Trade should never be used as a tool to apply political pressure'. These words embody Japan's and Australia's determination to ensure our region is one where disputes are resolved peacefully, without coercion or the threat of force.

Indeed, Australia is not walking alone. Japan fully supports Australia's efforts to solve the ongoing trade disputes through dialogue, in accordance with international laws. I applaud the way Australia has faced up to tremendous pressures in a consistent, principled and resilient manner.

Together, we must continue to pursue liberalisation and the establishment of fair, transparent rules. We must work to expand the CPTPP. Currently, Australia and Japan are playing an active role to examine the accession of the United Kingdom. The Accession Working Group is being chaired by Japan with Australia as Vice-Chair. Successful implementation of RCEP will also require our joint efforts.

And we can engage further at the OECD. The election of the Honourable Mathias Cormann to Secretary-General was warmly welcomed by Japan. Japan supports Australia's increased global role, which has significance in raising the profile of the Indo-Pacific region. Together with Deputy Secretary-General, Japan's KONO Masamichi, my good friend, we are confident Secretary-General Cormann will be a strong, positive force for multilateral cooperation.

It is also incumbent upon us, as staunch believers in the multilateral trading system, to push for the reform of the WTO and its dispute settlement mechanism.

Climate partnership

Next, I will touch on our climate partnership. Japan is not here to lecture, but to cooperate. When we look ahead to the future, it is natural that we think of climate change. In 15 years' time, how will our governments and industries be responding to one of the defining global challenges of our times?

The answer can be found in the Japan-Australia Partnership on Decarbonisation through Technology announced last month. Our nations are committed to a technology-led response to climate change. We believe in the power of innovation.

We see hydrogen as our future. Japan has high hopes for Australia's endeavour to become a world-leader in hydrogen production and exports. By 2030, Japan aims to be using up to three million tonnes of hydrogen each year. Some of this will come from the Hydrogen Energy Supply Chain (HESC) project in Latrobe Valley. This world-first pilot project is being led by a consortium of Japanese heavy-hitters. Commercial operations are tipped to begin within two decades. With a 2050 goal of 20 million tonnes of annual hydrogen use, Japan will be eager to receive hydrogen from a great number of sources. I am pleased to note that there are already dozens of Japan-supported clean energy projects underway all over Australia. Japan's private sector is just as keen to make our hydrogen future a reality.

Currently, over two hundred Japanese companies make up the Japan Hydrogen Association. Their aim? To promote the creation of a hydrogen supply chain. Many of these companies are backing hydrogen and ammonia projects right here in Australia. So now you know how serious corporate Japan is about hydrogen.

Strategic partnership

Finally, on our strategic partnership. I've already emphasised the importance

of the rules-based international order for our prosperity. This order must be backed up by our defence cooperation. And the key concept is deterrence. However, the geopolitical environment today cannot and should not be understood in cold war-era, binary terms.

What we face are challenges posed by the rise of emerging powers. These affect the entire international community. Japan and Australia are frontline states. Which is why it is vital that we address them. Not alone, but with a special sense of responsibility and leadership, in cooperation with the rest of the world.

As outlined in our recent 2+2 ministerial consultations between Foreign Ministers Motegi and Payne, Defence Ministers Kishi and Dutton, we welcome the strong and enduring presence of the United States in the Indo-Pacific. We recognise the importance of our cooperation with ASEAN and Pacific Island Countries. And, we welcome the increasing commitment of Europe. All of this growing interest in our region from the international community enhances deterrence.

I am pleased to note that as I speak, Japan is participating in Exercise Talisman Sabre 21, which is taking place in the Northern Territory and Queensland. This truly impressive Australia-US exercise will involve 17-thousand personnel. Forces from Canada, New Zealand, the United Kingdom and the Republic of Korea will also participate directly and delegations from India, Indonesia, France and Germany will observe.

As we move forward, the spearheading role that Japan and Australia have been playing in building defence ties will become more pronounced. Our bilateral cooperation will grow stronger. Almost 15 years since the signing of our Joint Declaration on Security Cooperation, countless joint exercises have been conducted between us.

Today, our defence cooperation has reached a new stage. On a practical,

operation level, it has evolved significantly. In September last year, the Royal Australian Navy and the Japanese Maritime Self Defense Force undertook a joint transit of the South China Sea.

In November, Prime Minister Morrison became the first foreign leader to meet with newly elected Prime Minister Suga to discuss the Reciprocal Access Agreement. Negotiations have now entered their final stage. The signing of the RAA will be a significant milestone for our defence cooperation, and a clear indication of the importance Japan places on the partnership.

Recently, we also announced the creation of a framework to allow the JSDF to protect ADF assets. This will further accelerate the sophistication of our joint activities.

Our ambition to increase the complexity of bilateral exercises and operations between our defence forces, including through air-to-air refuelling, will further enhance deterrence in our region.

Now, I cannot leave today without making reference to the importance of the East China Sea. I foresee that we will need to deepen communication and cooperation regarding this body of water. The situation there is by no means unrelated to Australia. For Australia's shipping industry, the countries with the highest transaction value are all in Northeast Asia, as are five of the world's top ten busiest ports. All of these ports connect to shipping routes which pass through the East China Sea. In this respect, the East China Sea is just as crucial for Australia's security and economic interests as the South.

Both are a lifeline for us. Any unilateral attempts to challenge the status quo by force or coercion in these seas will inevitably impact on our prosperity. The importance of the peace and stability of the Taiwan Strait has also been shared by both our nations.

It is my hope that a further deepening of our ties over the coming years will allow for unprecedented defence cooperation. Only together can we

ensure a free and open Indo-Pacific, where all nations can equally enjoy peace, prosperity and stability under the rule of law.

The importance of a shared vision

I began this speech today by touching on the ways I have seen Australia represented through its film and literature. To me, Australia is a forward-looking, resilient nation. It is not simply 'lucky'. It is talented. It is fair and down to earth.

Indeed I would say it is a global power. Though I know that here in Australia, like Japan, there is a tendency to undersell oneself. How we view ourselves is important. Not only for Australia, but for Japan-Australia. Which is why I chose today to think in concrete terms about our relationship in the 15 years ahead.

But we need not limit our vision to that specific time frame. Our mutual trust is our greatest asset. This trust continues to be strengthened by mutual respect and tolerance.

With this as our foundation, we can continue to accomplish whatever we set out to do. Our dedication to peace, freedom and democracy. Our respect for the rule of law. These, along with our strategic interests, tie our futures together.

What we do together matters. It matters for our nations, our region and the world.

ニューカッスル大学卒業式祝辞 →和文270ページに関連文章

On the Occasion of the College of Human and Social Futures Graduation Ceremony

Great Hall, The University of Newcastle, 14 December, 2022

Good morning. It is both an honour and privilege to be here today for this special occasion.

I congratulate you all on the significant accomplishment of completing your degrees. Today is the day where you trade the agony of writing essays for the agony of writing job applications.

I can see so many happy faces of the graduands and their very proud parents, family, and friends in the audience. My staff told me one's graduation ceremony is a very important occasion here in Australia, for those graduating and their family. So much so, it is like *Mad Max Beyond Thunderdome* to get one of the limited seats at the ceremony!

To those watching the livestream outside, I am sorry you cannot join us inside. But I am glad you are still able to witness this very special day.

As kindly introduced, I am the Ambassador of Japan to Australia. You must be wondering why the Japanese Ambassador is delivering the occasional address at your graduation. To be honest, so am I!

Professor Zelinsky has many professional and personal connections with

Japan, so perhaps he thought I would be an OK choice. Joking aside, thank you Alex for giving me this precious opportunity. It will definitely be a highlight of my time here in Australia.

For nearly 40 years now, I have worked for the Ministry of Foreign Affairs of Japan. Before coming to Australia, I spent time in New York, Washington DC, Hong Kong, Geneva, and London as a diplomat for the Japanese government. It was my long-held dream for a posting to Australia, so you can imagine how happy I was when that finally came true.

Since my arrival in late 2020, I have visited every major city of Australia many times over as well as so many far-flung places of this wide, brown land. I have even been to places like Moranbah, Thursday Island, Broome, and the Riverland. Places you might struggle to find on a map!

Throughout my posting, I have found there are three things that the U.S. and the U.K. do not necessarily have that Australia does. Splendid and moderate weather with golden sunshine, an impeccably high standard of food culture, and very friendly and down to earth people. My wife, Kaoru and I have received very warm welcomes wherever we have visited, making our time in Australia that extra bit special.

Much of this has to do with the fact that Japan and Australia have become each other's best friend in the Indo-Pacific region. Despite the challenges of COVID-19, our two prime ministers have met on four occasions in just five months! As you may recall, Prime Minister Albanese's first official overseas visit was to Japan, straight after being sworn in as PM. He even jokes that he meets with Prime Minister Kishida more often than with state and territory

leaders! They must be envious of the fantastic relationship Japan and Australia share. And I am very proud to have the privilege of being the Japanese Ambassador to this Great Southern Land.

When I was asked to speak today, it got me thinking about the journey you will soon embark on. And three Japanese proverbs came to mind that I would like to share with you today.

Proverb One:
「七転び八起き」 (Nanakorobi Yaoki)

'Fall down seven times, get up eight'

This proverb speaks to the Japanese concept of resilience.

Stepping onto campus this morning brought back bittersweet memories to me. On a very cold morning in 1974, young Shingo stood in front of the noticeboard of a selective junior high school in Tokyo. Only days before he had sat the entrance exam, and he was there with his parents to check the results. Young Shingo had long dreamed of attending this school, so there he was searching for his name on the list of those who passed the exam. Over and over again he checked the list, but his name wasn't there. And so he just stood there, desperately holding back his tears. He was so upset and disappointed in himself, he cried for a whole week. And he blamed his poor mother for not putting him into private tutoring earlier. I really feel sorry for my mother who now at 93 years old still remembers this incident very clearly.

Fast forward to six years later, Shingo – now 18 – would go on to sit the even more difficult entrance exams of the University of Tokyo. So determined to

pass, he gave up everything to prepare. Even his beloved baseball. Locking himself away to study like a monk in training. When his crush gave him some chocolates for Valentine's Day, he did not even ask her out. What a waste! Because remember, he was like a trainee monk and dating was out of the question!

Then came a beautiful spring day in April of 1980, where Shingo together with his parents would attend the entrance ceremony at the University of Tokyo under the blooming cherry blossoms. Later on in 1983, Shingo would go on to sit the exams to join the Ministry of Foreign Affairs of Japan.

Now it might seem like my life has been all about exams. So I will stop with the exam talk now that you are graduating, because I am sure the last thing you want to hear about is more exams!

What I will say is this; no matter how many times life knocks you down, get right back up. Choose to never give up hope, and always strive for more. You might be wondering how you could possibly get up eight times when you only fall seven times. Don't worry about the math. Just remember that getting back up is more important.

Proverb Two:
「井の中の蛙、大海を知らず」 (Ino naka no kawazu taikai wo shirazu)

'A frog in a well knows nothing of the great ocean'

Picture a little frog just going about its life in a well. Lacking the courage to get out and see what is beyond that well, he stays and spends his entire life there. If you stay within the confines of your comfort zone, you will lose the

chance to know of the big wonderful world out there.

Many of my colleagues in the Japanese foreign service devote their whole lives working for the ministry. Just like the frog in the well. However, I am the odd one out. I went on secondment three times each to a different organisation. The first was to the Cabinet Secretariat. The second was to the Prefectural Police in Ibaraki. And the third was to the largest Japanese think-tank, the Japan Institute of International Affairs.

These secondments were not my choice, by the way. Perhaps I was not well liked by my superiors. These roles were quite different to what I was used to or even trained to do. Don't get me wrong; adapting to a new environment on three separate occasions challenged me to the very core. To the point where I wanted to quit and go back to the comfort of the well. But these were opportunities for this little frog to leave the well that was the foreign ministry and see the great ocean.

Looking back, the time I spent outside of the foreign service was incredibly memorable. Especially the time I spent at the Ibaraki Police as Deputy Chief. I was even trained in using firearms alongside other police officers. Although it was nothing like what you see in the movies, it definitely was an experience to remember!

I learned many things as well. We toiled together. Cried together. And laughed together on numerous occasions. The Police Agency worked as one: six thousand personnel sticking together as a team to uphold the law and protect its citizens. This particular opportunity of being in the police force did bear witness to tragedy and sadness. Nonetheless, it was an opportunity to grow

both professionally and personally. I still get a warm welcome from my old colleagues in the police force – friendships I hold dearly to this day.

So wherever life takes you after graduation, remember there is a great ocean out there, teeming with opportunities. Refuse to be content of just being a frog in the well. Even if you are the top frog of that well, leap out and see where life takes you.

Perhaps it may lead you to Japan! As the Japanese Ambassador, I cannot waste an opportunity to promote Japan to Aussie friends! The Japanese government offers a number of opportunities to young graduates like you, such as the Japan Exchange and Teaching Programme and the MEXT Scholarship. You will need an undergraduate degree to apply. So congratulations – you are qualified from today!

Proverb Three:
「歳月、人を待たず」(Saigetsu hito wo matazu)

'Tide and time wait for no one'

This proverb tells us time passes quickly.

And time will flow without regard for human convenience. We cannot simply hit pause. In other words, make each and every day count, and use your time wisely.

Even though I have passed the milestone of turning 60, I still feel very young. But I tell myself every day that "today could be my last". And so, I live my life to the fullest and try to be the best version of myself.

Being an ambassador is no easy task. You are a highly ranked representative of your country on diplomatic assignment. And we all know how important assignments are!

When I arrived in Australia, I hit the ground running. I had to move with the time or get swept up in the tide. Nothing will come your way if you just sit around, even as an ambassador. So I got to work. Attending countless meetings, discussions, seminars, receptions, dinners, and events. Meeting leaders in government, business, academia, and the community.

Promoting the strong and robust ties, and of course the friendship, between Australia and Japan at every chance I get. Crisscrossing the country as I do so. The accounts section of the Japanese embassy in Canberra must be sick and tired of asking Tokyo for additional funds! It serves a strategic purpose, I say. Establishing and strengthening networks, and disseminating and gathering information, the right information, are crucial to diplomacy. I once worked as the director of an intelligence agency in Japan, and believe me when I say information does not come one's way so easily!

Whatever you choose to do from this day forward, I encourage you to do your best and strive to make a difference – no matter how small.

Before I conclude, I would like to offer one more piece of advice in the form of another Japanese proverb.

「孝行のしたい時分には親はなし」(Koko no shitai jibun niwa oya wa nashi)

'When you wish to be filial, your parents are gone'

Through all of my ups and downs, my mother and father have stood by my side. They allowed me to dream and taught me perseverance and resilience.

Today, your loved ones – parents, grandparents, extended family, and friends, surround you. Whoever they are, be sure to thank them.

Fortunately, my parents are still here. And I will never forget my parents' happy tears at my entrance ceremony for Tokyo Uni.

To all of you graduating today, well done on your hard work and achievements. You should be very proud, as you have worked many years to reach this point. Inquisitiveness is your passport to everything on this journey called 'Life'. So take advantage of every opportunity that comes your way, and know that the future is something we make.

And remember:

'Fall down seven times, get up eight';
'A frog in a well knows nothing of the great ocean';
and 'Tide and time wait for no one'.

Congratulations again on your graduation. I wish you happiness, good health, and every success. Thank you very much and congratulations!